Lesen, was Spaß macht

Weichert Buch

KÄTHE THEUERMEISTER

Hummelchen auf Reisen

Ferienerlebnisse in den Bergen und am Rhein

Auflage der bisher
erschienenen Hummelchen-Bücher
1 198 000

A. WEICHERT VERLAG
HANNOVER

Einbandbild: Lilo Busch · Textillustrationen: Helga Wahle
Die Hummelchen-Serie wurde in folgende Sprachen übersetzt:
Französisch, Niederländisch, Spanisch

ISBN 3-483-01003-3

Satz: Göttinger Druckerei- und Verlagsgesellschaft m. b. H., Göttingen
Druck: Richard Dohse & Sohn, Bielefeld

INHALTSVERZEICHNIS

Hummelchen darf mitfahren

In Thalburg hat der Frühling seinen Einzug gehalten. Das Oktoberfest ist vorüber. Hummelchen, die kleine Ursula Paulsen, ist in die zweite Klasse aufgerückt. Aber vorher hat es noch Zensuren gegeben. Hummelchen hat genau dieselben Noten bekommen, wie im Herbst vorher, sogar die „4" in Aufmerksamkeit hat sie behalten. Ein Vogellied vor dem Fenster des Klassenzimmers oder der blaue Himmel mit den schwimmenden Wolken darin oder das Rauschen der Bäume interessieren sie noch immer mehr als das Lesen, Schreiben und Rechnen. Fräulein Fröhlich, die Lehrerin, weiß das recht gut. Und da Hummelchen ihre mangelnde Aufmerksamkeit durch Fleiß wieder wettmacht, drückt Fräulein Fröhlich gern ein Auge zu.

Der Schultag ist zu Ende. Trappelnde und polternde Füße hasten die Treppe hinunter. Vor dem Tor treffen sich die Kinder von der „Tüte", wie die Straße heißt. „Auf der Tüte 14" wohnt Hummelchen mit ihren Eltern, dem kleinen Bruder und

Frau Sanftmut in einem großen Haus. „Auf der Tüte" wohnen auch Hummelchens Spielgefährten, der Heiner, der Benno-Bumm, das neugierige Zöpfchen, die Conny, die so gern Schlager singt, und der kleine Puck. Gaby wohnt auf der „Blauen Pfütze". Seit Ostern geht sie auch in Hummelchens Schule, und zwar in Connys und Bennos Klasse.

Nun stehen sie also alle am Schultor, um gemeinsam wie jeden Tag den Heimweg anzutreten. Das ist ein Lachen, Schwatzen und Kichern!

„Wißt ihr schon das Neueste?" ruft Conny. „Wir haben heute unsere Aufsätze zurückbekommen. Was meint ihr? Benno-Bumm hat den besten Aufsatz geschrieben! Da staunt ihr, was?"

Sie staunen alle. Wer hätte das von Benno-Bumm gedacht? Seine Interessen beschränkten sich bisher immer nur auf seinen Roller, der für ihn eine „tolle Rennmaschine" ist. Und jetzt hat er den besten Aufsatz geschrieben!

Benno ist es ein wenig peinlich, plötzlich so im Mittelpunkt zu stehen, aber stolz ist er doch.

„Der Aufsatz war ja gar nicht so schwierig", meint er. „Über Autos und Maschinen weiß ich doch Bescheid. Da kann mir keiner was vormachen."

„Ach, so ein Aufsatz ist das", sagt Hummelchen, „na, da mußt du ja den besten schreiben!"

„Wir Mädchen haben über Spiele im Freien geschrieben", sagt Gaby, „denn über Maschinen wissen wir nicht viel."

„Ja, Gaby hat den besten Aufsatz von den Mädchen geschrieben", berichtet Conny neidlos, „wenn wir hätten schreiben dürfen, was wir wollten, so hätte ich über Schlager und Schlagerstars geschrieben. Dann wäre mein Aufsatz bestimmt der beste gewesen."

Das streitet Conny niemand ab. Die Kinder gehen lachend und schwatzend weiter. Gaby trennt sich von ihnen an der „Wilden Mannsgasse", und dann verschwindet eines nach dem anderen von ihnen in ihren Häusern auf der „Tüte".

Hummelchens kleiner Bruder Peter, Mücke genannt, macht an der Hand Frau Sanftmuts die ersten Gehversuche im Hof. Er jubelt auf, als er Hummelchen sieht und tappelt ihr entgegen.

„Wie fein du schon laufen kannst, Mücke!" ruft Hummelchen, nimmt ihn in die Arme und dreht sich mit ihm rundum, daß er hell aufjauchzt.

Frau Sanftmut fängt ihn auf und Hummelchen eilt ins Haus. Die Mutter steht in der Küche und garniert eine duftende Torte mit Buttercreme und Nüssen. Hummelchen macht große Augen.

„Hab' ich was vergessen, Mutti?" fragt sie erschrocken, „hat jemand Geburtstag? Wer kann das sein? Ich bin's bestimmt nicht und Mücke hat im Februar Geburtstag gehabt. Bist du's oder Vati? Oder Frau Sanftmut?"

„Niemand ist's, Hummelchen", sagt die Mutter, „aber es ist trotzdem ein großer Tag heute. Vatis großer Tag! Und das müssen wir feiern."

„Hat er wieder ein Buch geschrieben, Mutti? Oder ist sein Bild wieder in der Zeitung?"

„Beides, Hummelchen, aber das weißt du ja. Das ist schon ein paar Wochen her", sagt die Mutter und drückt die Nüsse in die Buttercreme. „Vati hat Einladungen aus drei Städten bekommen. Er soll dort aus seinem Buch vorlesen. Man nennt es jetzt einen Bestseller. Weißt du, was das ist?"

„Ja, Mutti", nickt Hummelchen wichtig, „das ist ein ganz tolles Buch, das jeder liest, weil es das allerbeste ist, was es gibt."

Die Mutter lacht: „Ja, so ungefähr ist es. Ach, Hummelchen, ich bin ja so glücklich."

„Ich glaube, du sprichst von mir, Biene?" fragt der Vater von der Tür her. „Singst du etwa Loblieder auf mich? Das habe ich aber gar nicht gern."

Hummelchen fliegt ihm lachend in die Arme.

„Wenn man etwas so Feines geschrieben hat wie du, Vati, braucht man sich doch nicht zu schämen. Benno hat sich heute auch geschämt, und er brauchte es nicht."

„Nanu", der Vater zieht die Brauen zusammen, „was hat denn der Lauser wieder angestellt? Hat er mit seiner Rennmaschine ein paar Hunde und Katzen überrollt?"

„Aber nein, was denkst du!" erwidert Hummelchen. „Er hat

in der Schule den besten Aufsatz geschrieben. Über Autos und Rennmaschinen! Da weiß er ja Bescheid."

„Das kann man wohl sagen", nickt der Vater, „wenn ich mal über so was schreiben muß, hole ich bei ihm Rat."

„Liest du das ganze Buch vor, Vati?" fragt Hummelchen.

„Das würde viel zu lange dauern. Dann wären am Ende die Zuhörer eingeschlafen", meint der Vater. Er setzt sich auf den Küchenstuhl und zieht Hummelchen zu sich heran. „Paß auf, das wird so vor sich gehen: Am Abend erscheine ich in einem Saal, feierlich mit Frack und weißer Schleife, unterm Arm habe ich mein Buch und im Herzen mächtig viel Lampenfieber..."

„Pah, das glaube ich nicht", unterbricht Hummelchen ihn lachend.

„Dann folgt eine lange Begrüßungsrede", fährt er fort, „bei der ich das Gähnen unterdrücke. Dann bedanke ich mich für die Einladung, nehme Platz am Pult und fange an zu lesen. Sicher werde ich erst ein wenig stottern, aber dann wird's schon gehen."

Die Mutter lacht herzlich: „Ach, Thomas, du tust ja gerade, als solltest du zum erstenmal vorlesen. — Vati macht nur Spaß, Hummelchen. Er wird tadellos lesen und großen Beifall bekommen, das weiß ich. Wir freuen uns sehr für dich, Thomas."

Der Vater drückt auf der einen Seite Hummelchen, auf der anderen Seite die Mutter an sich.

„Ich freue mich auch", sagt er, „und ich weiß auch, warum mir das Buch so gut gelungen ist. Weil ich euch habe und weil ich mich in Onkel Lachmunds Eichenhaus so wohl fühle." Und er blickt durch das Küchenfenster in das satte Blühen des großen Gartens hinaus.

„Kann ich die Einladung sehen?" fragt Hummelchen nach einer Weile. Der Vater nimmt sie vom Schreibtisch und zeigt sie ihr.

„Sie hat ja gar keinen Goldrand", meint sie enttäuscht.

„Warum auch?" erwidert der Vater schmunzelnd, „auf den Inhalt kommt es an. Und der gefällt mir."

Hummelchen sieht das ein. Der Vater hat ein gutes Buch

geschrieben. Er hat eine Einladung bekommen, damit er es vielen Leuten vorliest. Und Hummelchen überlegt: „Benno müßte auch eine Einladung bekommen, um uns seinen Aufsatz vorzulesen."

Sie hüpft in ihr Zimmer und setzt sich an ihr Schreibpult. Sechsmal schreibt sie: „einladun. Kome heute um 3 zu mir. Dein Hummelchen." An Benno schreibt sie noch dazu: „bringe dein Aufsatz mit. Vergiß es nicht."

Dann huscht sie ins Nebenhaus zu Heiner.

„Heute ist eine große Feier", tuschelt sie, „ich lade euch alle ein. Hier hast du eine Einladung." Sie hält inne und horcht nach draußen.

„Hummelchen! Ursula!" ruft es vom Eichenhaus, „wo bist du?"

„Hier!" schreit Hummelchen zurück, „ich komme gleich!" und zu Heiner gewandt, „oje, wir essen zu Mittag. Kannst du die anderen Einladungen austragen?"

Was täte Heiner nicht für Hummelchen? Gegessen hat er schon, also macht er sich auf den Weg zu Zöpfchen, Puck, Gaby, Conny und Benno-Bumm.

„Benno-Bumm bekommt die große Einladung!" ruft ihm Hummelchen nach, und Heiner nickt.

Sie kommen alle vor drei Uhr, denn wenn Hummelchen einlädt, will man nichts verpassen. Benno-Bumm hat wirklich sein Aufsatzheft unter den Arm geklemmt. Hummelchens Vater hat es sich im Liegestuhl neben der Sandkiste bequem gemacht und sieht Mücke zu, der schon recht geschickt Sandkuchen zu backen versteht. Angesichts der einströmenden Kinderschar blickt der Vater erstaunt auf.

„Nanu, was ist los? Hat sich mein Erfolg schon herumgesprochen, Hummelchen? Sind das alles Gratulanten?"

Hummelchen lacht: „Nein, sie wissen noch gar nichts von deinem Buch, Vati. Aber du weißt ja auch noch nichts von Bennos Aufsatz. Deshalb habe ich alle eingeladen, damit uns Benno seinen Aufsatz vorliest. Jetzt mußt du Benno begrüßen."

„Welch eine große Ehre für mich!" ruft der Vater erfreut

und schwingt die langen Beine aus dem Liegestuhl, „herzlich willkommen, Herr Benno-Bumm, herzlich willkommen!"

Hummelchen fragt etwas zweifelnd: „Machen sie das auch so mit dir, Vati?"

„Ja, gewiß!" sagt der Vater. „Und nun wollen wir es ganz richtig machen. Rasch, holt Stühle, damit wir uns hinsetzen und Bennos Aufsatz anhören können."

Im Nu sind im Garten hinter dem Haus Sitzreihen aufgebaut. Der Vater und die Mutter, Frau Sanftmut mit dem krähenden Mücke auf dem Schoß und die Kinder nehmen Platz. Benno sitzt vor ihnen an einem kleinen Tisch. Er hat seinen Aufsatz vor sich liegen und ist ungeheuer verlegen. Wie konnte er denn ahnen, daß Hummelchen so etwas vorhat! Sie hat ja immer so drollige Ideen, aber auf diesen Gedanken wäre er nicht gekommen. Jetzt soll er vor so einem berühmten Mann, wie es Herr Paulsen ist, seinen Aufsatz vorlesen? Am liebsten würde er durch das Loch im Zaun kriechen, durch das Heiners Kaninchen Putzi manchmal in Hummelchens Garten kommt.

Herr Paulsen beginnt feierlich: „Lieber Benno, wir freuen uns, daß du Hummelchens Einladung gefolgt bist, und wir heißen dich hier herzlich willkommen. Es ist immer erfreulich zu erfahren, wenn Kinder ihre Schularbeiten gut ausführen. Daran könnte sich mancher ein Beispiel nehmen", sein Blick wandert schräg zu Hummelchen, aber die tut so, als sähe sie es nicht, „so, und nun wollen wir uns deinen Aufsatz anhören."

„Jetzt mußt du dich noch für die Einladung bedanken, Benno", ruft Hummelchen, „das muß Vati auch machen."

„Ich danke schön", sagt Benno-Bumm verlegen.

Nachdem sich das Gelächter gelegt hat, fängt er an zu lesen. Er hat wirklich Lampenfieber. Er stottert und stolpert am Anfang über jeden Satz. Aber da es um sein liebstes Thema, Autos und Maschinen geht, so hat er das bald überwunden. Er liest fehlerfrei bis zum Ende. Der Beifall bleibt nicht aus.

„Ich bin überrascht", sagt Hummelchens Vater anerkennend,

„du weißt wirklich allerlei von diesen Dingen. Sicher wirst du später mal ein guter Maschinenbauer . . ."

„Er will doch ein großer Rennfahrer werden!" ruft Hummelchen dazwischen.

Daran zweifelt keiner. Die Mutter lädt die Kinder zur Nußtorte ins Terrassenzimmer ein. Das ist eine Freude!

Hummelchens Vater sagt am Abend: „Wir fahren also am Pfingstmontag früh los, Biene. Am Abend ist dann die erste Vorlesung in Frankfurt. Wir werden in dieser Woche immer unterwegs sein. Von Frankfurt fahren wir nach Stuttgart und dann nach München. Freust du dich?"

„Wieso?" fragt Hummelchen erstaunt, „fährt Mutti denn mit?"

„Gewiß fährt sie mit", sagt der Vater, „sie soll sich auch an meinem Erfolg freuen."

„Sie ist aber nie mitgefahren, wenn du unterwegs warst", meint Hummelchen gekränkt.

„Ja, damals war Frau Sanftmut noch nicht da. Sie paßt jetzt auf dich und Mücke auf. So kann Mutti von nun an immer mit mir fahren."

„Ich fahre auch mit", sagt Hummelchen, „ich will mich auch an deinem Erfolg freuen. Du bist doch mein Vati."

Hummelchen beginnt zu schmeicheln und zu betteln: „Ich habe doch auch bei deinem Buch mitgeholfen. Denn wenn ich nicht immer so still und brav gewesen wäre, hättest du das Buch nicht schreiben können, nicht wahr?"

Er seufzt ein bißchen. Ganz so ist es nicht, wie Hummelchen sagt. Er hatte es oft schwer gehabt, die nötige Ruhe zum Arbeiten zu finden.

„Wir werden es uns überlegen", sagt schließlich die Mutter, „und wenn wir meinen, daß es möglich ist, nehmen wir dich mit."

Am nächsten Morgen steht Hummelchen auf dem Schulhof inmitten einer lauschenden Kinderschar und berichtet stolz, daß sie in den Pfingstferien dabei sein darf, wenn ihr „berühmter Vati" aus seinem „berühmten Buch" vorliest.

*

Am Morgen des zweiten Pfingstfeiertages packt der Vater die Koffer in das Auto. Dann verabschiedet er sich von Frau Sanftmut und dem krähenden Mücke.

Die Mutter steht an der Treppe und ruft nach oben: „Hummelchen, wo bleibst du? Wenn du dich nicht beeilst, fahren wir ohne dich ab!"

Hummelchen seufzt. Die Mutter hat sich nur von einem Kind zu verabschieden. Aber Hummelchen hat sechs Kinder, da dauert der Abschied etwas länger. Kurz entschlossen verabschiedet sie sich von fünf Kindern. Das sechste nimmt sie mit auf die Reise.

„Ich komme ja schon!" ruft sie und hüpft eilig die Treppe hinunter, immer bemüht, das Puppenkind nicht aus seinem Versteck unter dem Mantel fallen zu lassen.

Die Mutter sitzt, wie immer, neben dem Vater, Hummelchen hinter ihm. Frau Sanftmut und Mücke winken ihnen am Gittertor nach. Nun rollt der Wagen durch die alten Gassen. Es sieht aus, als wunderten sich die kleinen, schiefen Häuser.

Der Wagen schaukelt über das Kopfsteinpflaster durch den Torbogen in der dicken Stadtmauer und hinaus in die sonnige Landschaft. Der Vater sieht im Rückspiegel, wie Hummelchen etwas unter ihrem Mantel hervorholt. Er lächelt und sagt nach einer Weile: „Wir haben noch einen Reisebegleiter bekommen, Biene. Ich bin froh, daß es nur einer ist. Es hätten nämlich auch sechs sein können."

Die Mutter wendet sich um. Da sitzt das schwarze Mohrle neben Hummelchen und grinst über das ganze Gesicht.

„Hast du nicht doch noch eines von deinen Kindern mitgenommen?" fragt sie.

„Wirklich nicht, Mutti", beteuert Hummelchen, „du hast ja auch nur eins mitgenommen."

„Ich bin beruhigt", schmunzelt der Vater, „dann auf eine gute Reise, Herr Mohrle!"

„Danke, Herr Paulsen!" kräht Hummelchen an Mohrles Stelle.

Es wird eine fröhliche, aber auch interessante Fahrt. Der Vater kann vieles erklären und auf alle Fragen antworten, die Hummelchen stellt. So ist das erste Ziel, Frankfurt, bald erreicht.

Der Vater fährt zum Hotel. Es liegt an einem kleinen, mit Rasen und Springbrunnen geschmückten Platz. Ein Boy in brauner Livree springt eilfertig herzu und öffnet den Wagenschlag. Frau Paulsen steigt aus. Hummelchen klettert, mit Mohrle im Arm, hinter ihr her. Sie sieht erstaunt auf die goldenen Knöpfe auf der Uniform des Boys.

„Uih, siehst du schick aus", sagt Hummelchen, „bist du ein General?"

Der Boy wird rot und weiß nicht, was er sagen soll.

„Er kann auch nicht reden, Mutti", meint Hummelchen verwundert, „kann ein General nie etwas sagen?"

„Das ist kein General, Hummelchen", erwidert die Mutter lachend, „das ist der Boy, der uns den Weg ins Hotel zeigen will."

„Na so was!" staunt Hummelchen und schüttelt den Kopf, „als ob wir den Weg nicht allein fänden. Das Hotel steht doch vor uns."

Die Halle ist groß und wird von weißen Säulen getragen. Tiefe Sessel stehen auf weichen Teppichen, in denen der Fuß fast versinkt.

Herr Paulsen meldet sich beim Pförtner an. „Ich hatte vor einigen Tagen ein Zimmer bestellt", sagt er, „Thomas Paulsen ist mein Name."

„Sehr wohl, Herr Paulsen", sagt der Pförtner, „es ist notiert. Hier ist der Schlüssel. Zimmer 42", und er winkt dem Liftboy.

„Vati!" ruft Hummelchen erschrocken, „du hast nur ein Zimmer bestellt? Wo soll ich denn schlafen?"

Die Leute in der Halle sehen herüber und schmunzeln.

„Es ist eine Liege für dich im Zimmer", tröstet der Pförtner, „du brauchst keine Sorge zu haben, daß du im Fahrstuhl schlafen mußt."

„Ach, das wäre doch gerade fein", meint Hummelchen und schielt zu dem summenden Lift hinüber, „da könnte ich die ganze Nacht herauf und hinunter fahren."

Sie fährt mit den Eltern in den zweiten Stock hinauf. Der

Liftboy führt sie einen langen Gang entlang, der am Ende um die Ecke biegt. Tür reiht sich an Tür.

Der Boy öffnet die Tür des Zimmers Nummer 42 und läßt die Gäste eintreten. Es ist groß und hell und beinahe gemütlich. Die Eltern sind zufrieden und Hummelchen ist es auch.

„Biene, ich fahre gleich zum Kulturverein, stelle mich vor und bespreche mit den Herren den heutigen Abend, damit alles klappt. Sobald ich fertig bin, komme ich wieder. Dann essen wir zu Mittag. Am Nachmittag machen wir einen Besuch im Zoo."

„Ist das der große Garten, wo die vielen Tiere zu Hause sind?" fragt Hummelchen.

„Das ist er, Kleine. Auf Wiedersehen, bis dann!" Er küßt Hummelchen und die Mutter und eilt hinaus.

„Was machen wir nun?" fragt Hummelchen, „können wir nicht spazierengehen, Mutti?"

„Ich möchte lieber hier auf Vati warten. Wir wissen ja nicht, wann er zurückkommt. Dann sucht einer den anderen in der großen Stadt."

„Es ist gut, daß ich meinen Mohrle zum Spielen mitgenommen habe", meint Hummelchen, „mit dem können wir beide spielen."

„Das tun wir", nickt die Mutter, „und dazu machen wir uns ein bißchen Musik."

Sie stellt leise das kleine Kofferradio an, das sie mitgebracht hat. Musik und Werbenachrichten wechseln ab, dann werden die Veranstaltungen angesagt.

„Im Schauspielhaus sehen Sie heute abend ‚Nathan der Weise ", sagt die Ansagerin, „Beginn um zwanzig Uhr . . ."

Hummelchen fragt verwundert: „Sagt man das immer dazu, wenn weiße Schauspieler spielen, Mutti? Gibt es auch ein Theaterstück „Nathan der Schwarze?"

„Aber nein, Hummelchen"; die Mutter muß lachen, „Nathan der Weise; heißt so viel wie Nathan der Kluge. Es schreibt sich so, sieh her", und sie zeigt es Hummelchen schnell auf einem Stück Papier.

Nun muß Hummelchen auch lachen, aber plötzlich horcht sie auf.

„Im Kulturverein, Ringstraße 12, hören sie heute abend den Autor Thomas Paulsen. Er liest aus seinem neuen Werk ‚Kleine Insel im Strom'. Beginn zwanzig Uhr dreißig. Die Lesung findet im Blauen Saal statt."

Die Mutter lächelt stolz, und Hummelchen sagt strahlend: „Toll — was? Schade, daß Vati das nicht gehört hat."

Hummelchen erzählt es ihm, als er nach einer Stunde wiederkommt. Und er nimmt sie hoch und wirbelt sie herum.

„Der Blaue Saal ist ausverkauft, Biene", berichtet er froh, „ich werde vor so vielen Menschen sicher Lampenfieber bekommen", und er blinzelt Hummelchen zu.

„Pah, das glaube ich nicht", meint sie und lacht, „dazu freust du dich zu sehr". Und sie fällt dem Vater um den Hals und drückt ihn, so fest sie kann.

Überraschungen im Hotel

Der Vater blickt auf seine Uhr.

„Es wird Zeit, Biene", drängt er, „ich möchte nicht im letzten Augenblick kommen. Hummelchen, du wäschst dich schön und legst dich auf die Liege! Du wirst doch brav sein und uns keinen Kummer machen?"

„Aber Vati!" Hummelchen ist ganz entrüstet, „ich bin doch immer lieb."

„Nun ja, du willst es jedenfalls sein", sagt er schmunzelnd, während er sich vor dem Spiegel die weiße Schleife bindet.

Dann ist sie allein. Sie hört den Lift nach unten summen. Schritte gehen an ihrer Tür vorbei und verlieren sich auf dem langen Gang. Hummelchen steht unschlüssig in dem großen Hotelzimmer. Es ist noch hell, aber die Sonne sinkt immer tiefer hinter die hohen Häuser der Stadt.

„Es ist doch recht langweilig, wenn Vati und Mutti nicht da sind", sagt sie zu Mohrle, „was sollen wir nun machen?

Wenn wenigstens Benno-Bumm, Zöpfchen oder einer von den anderen hier wäre. Dann wär's nicht langweilig. — Weißt du was? Wir spielen auch Vorlesung. Wir schalten das Radio ein und hören zu."

Mohrle ist zufrieden. Er sitzt in einem Sessel neben seiner Puppenmutter. Die Sender bringen um diese Zeit die neuesten Nachrichten. Hummelchen hört sich einige Zeit die Berichte an, dann meint sie:

„Die Vorlesung gefällt mir gar nicht. Was Vati den Leuten heute vorliest, ist sicher viel schöner. Mohrle, wir gehen schlafen! Dabei ist man brav und macht dem Vati und der Mutti keinen Kummer."

Mohrle ist auch damit einverstanden. Er läßt sich von Hummelchen an die Wand auf die Liege legen. Hummelchen zieht sich aus. Sie wäscht sich in dem Becken unter dem Spiegel und planscht dabei den Fußboden naß. Es macht ja soviel Spaß, die Hände in dem duftenden Seifenwasser auf und ab springen zu lassen. Etwas erschrocken sieht sie nach unten.

„Uih, was soll ich jetzt machen, Mohrle? Sie haben ja nicht mal ein Scheuertuch hier."

Hummelchen weiß sich zu helfen. Sie wischt den Boden mit dem Bettvorleger trocken. Dann zieht sie sich ihren rosa Schlafanzug an, auf dem bunte Kasperle lustige Purzelbäume schlagen, legt sich neben Mohrle auf die Liege und zieht sich die Wolldecke bis ans Kinn.

Der Himmel wird immer fahler, und die Möbel im Zimmer verlieren alle Farbe, weil das Tageslicht schwindet.

„Jetzt liest der Vati schon lange aus seinem Buch vor", sagt sie zu Mohrle, „ich möchte auch gern einmal dabei sein. Aber Vati meint, ich sei noch zu klein und verstände nicht, was er geschrieben hat. Dabei verstehe ich meinen lieben Vati doch immer. Ach, Mohrle, es ist eben nichts, wenn man nicht schnell groß wird."

Mohrle sagt darauf nichts, denn er ist unterdessen eingeschlafen. Hummelchen zwinkert auch noch ein bißchen, dann fallen ihr die Augen zu. Es sind zwei Stunden vergangen, als

Hummelchen wieder aufwacht. Still und finster ist es um sie her.

„Mutti? Vati?" fragt sie in die Stille hinein, „seid ihr da, Mutti, Vati?"

Aber niemand antwortet ihr. Sie zieht an der Lichtschnur über der Liege. Das Lämpchen flammt auf. Die beiden großen Betten sind leer.

„Sie sind noch nicht da." Hummelchen setzt sich auf und überlegt: „Vielleicht sitzen sie noch unten in der Halle mit den weißen Säulen. Da muß ich nachsehen."

Und Hummelchen springt von der Liege, schlüpft in ihre roten Hausschuhe und läuft zur Tür. Vorsichtig lugt sie hinaus. Der lange Gang ist erhellt. Keiner der Gäste ist zu sehen. Hummelchen tritt hinaus auf den grauen Läufer. Sie kommt sich auf einmal recht klein und einsam vor, so, als sei sie ganz allein in dem großen Haus mit den vielen Türen.

Aber da sieht sie etwas, was sie vergessen läßt, daß sie die Eltern suchen wollte. Vor der Tür gegenüber stehen ein Paar Damenschuhe, die ihr bekannt vorkommen.

„Das sind doch Muttis Schuhe", sagt sie und schüttelt den Kopf, „wie kommen die denn dahin?"

Hummelchen überlegt nicht lange, wie die Schuhe wohl dorthin gekommen sein könnten. Rasch läuft sie über den Gang, greift nach den Schuhen und stellt sie neben das Gestell, auf das der Vater den Koffer gelegt hat.

„Ob vielleicht vom Vati auch Schuhe geklaut worden sind?" fragt sich Hummelchen. Und schon ist sie wieder draußen und schaut suchend nach rechts und nach links den Gang hinunter. Richtig, dort drüben stehen ein Paar braune Herrenschuhe. Genau solche hat sie auch an den Füßen des Vaters gesehen. Eilig und lautlos trippeln wieder zwei Mädchenbeine in rosa Schlafanzughosen über den weichen grauen Teppich. Gleich darauf haben sich die braunen Halbschuhe zu den weißen Damenpumps gesellt. Hummelchen atmet befriedigt auf.

Doch dann fällt ihr wieder ein, daß sie ja nachsehen wollte, ob die Eltern nicht bald kommen. Und so läuft sie abermals den Gang entlang bis zur Treppe.

Von unten herauf dringt der Klang leiser Stimmen und gedämpfter Tanzmusik. Vielleicht sind Vater und Mutter dort? Sie hüpft in ihren roten Pantöffelchen die Treppe hinab. Daß sie im Schlafanzug ist, hat sie völlig vergessen. Beim letzten Treppenabsatz bleibt sie stehen und blickt hinunter.

Doch die Eltern sind nicht dort. Der Pförtner ist mit einem neuen Gast beschäftigt und bemerkt daher nicht, wie Hummelchen durch die Tür huscht, die zur Tanzdiele führt.

Dort drehen sich einige Paare zu leiser Musik, andere Leute sitzen an kleinen Tischen, trinken Wein und unterhalten sich. Hummelchen bleibt an der Tür stehen und blickt sich suchend um.

Eine junge Dame und ein junger Herr werden aufmerksam.

„Welch ein niedlicher kleiner Gast!" ruft die Dame überrascht, „wo kommst du denn her?"

„Aus meinem Zimmer", sagt Hummelchen, „ich suche meine Mutti und meinen Vati. Sind sie hier?"

„Ich weiß es nicht. Suche sie nur", sagt die Dame und sieht lachend Hummelchen nach, die von Tisch zu Tisch geht und ihre Eltern sucht.

Kurze Zeit später fällt dem Liftboy ein lautes, herzliches

Gelächter in der Tanzdiele auf, wie es sonst in diesem vornehmen Hotel nicht üblich ist. Er macht den Pförtner darauf aufmerksam, der die Tür zur Tanzdiele öffnet, und dann stehen die beiden starr.

Da dreht sich Hummelchen in ihrem rosa Schlafanzug zu den Klängen der Tanzmusik im Kreise. Sie hüpft und springt, und das bunte Licht unter der gläsernen Tanzfläche läßt sie wie eine kleine Märchenfee erscheinen. Die Gäste klatschen ihr Beifall und lachen und winken ihr zu.

„Das ist ja toll", flüstert der Liftboy, „so was habe ich hier noch nicht erlebt."

„Ich auch nicht, mein Junge", sagt der Pförtner, „und ich bin noch einige Jahre länger hier als du."

Der Tanz ist zu Ende. Hummelchen lacht und winkt zurück, aber da ist schon der Pförtner neben ihr und nimmt sie bei der Hand.

„Sind Mutti und Vati gekommen?" fragt sie.

Er zieht sie aus dem Tanzraum heraus und in eine Ecke der Halle hinein. „Deine Eltern sind noch nicht da", sagt er, „und du solltest doch sicher nicht das Zimmer verlassen, nicht wahr?"

„Ich habe sie doch bloß gesucht", erklärt Hummelchen.

„Lauf jetzt schnell nach oben und leg dich in dein Bett!" sagt der Pförtner. „Sie werden gewiß bald kommen."

Hummelchen huscht die Treppe hinauf. Sie ist ein bißchen enttäuscht, daß sie nicht in der Tanzdiele bleiben durfte. Dort war es so lustig, und sie hätte sich gern die Zeit vertrieben, bis die Eltern wiederkommen.

Sie merkt nicht, daß sie im ersten Stock den Gang hinuntergeht, denn ein Stockwerk sieht wie das andere aus. Als der Gang zu Ende ist, biegt sie um die Ecke in den anderen Gang hinein. Welches Zimmer war es nun? Da entsinnt sich Hummelchen, daß ihrer Zimmertür gegenüber eine Tür mit eingesetztem Glasfenster war, und so findet sie es wieder. Es ist genau gegenüber der Glastür.

Sie klinkt die Tür auf und tritt ein. Drinnen ist es dunkel. Einen Augenblick bleibt sie verdutzt stehen. Hatte sie das Licht ausgemacht?

„He, Mohrle!“ ruft sie, „warum hast du das Licht ausgelöscht? Mach es wieder an! Ich finde mich ja gar nicht zurecht.“

Da dreht sich jemand im Bett um.

„Was ist los? Wer ist da?“ fragt eine tiefe Männerstimme und dann flammt das Licht wieder auf.

Hummelchen verschlägt es den Atem. Da sitzt ihr Mohrle im Bett und seine weißen Zähne blitzen in dem schwarzen Gesicht. Nur so klein wie bisher ist er nicht. Er ist groß wie ein Mann und kann auch noch reden wie ein Mensch! Ob ihn ein Zauberer verzaubert hat?

„Wen suchst du, meine Kleine?“ fragt der schwarze Mann belustigt, „kann ich dir helfen?“

„Ich dachte, ich dachte“, stottert Hummelchen verlegen, „ich dachte, hier sei mein Mohrle.“

Da lacht er wieder: „Bin ich das nicht?“

„Ich weiß nicht“, meint Hummelchen nachdenklich, „als ich vorhin wegging, war er noch ganz klein. — Nein, das ist auch nicht mein Zimmer“, setzt sie rasch hinzu, „hier ist nur ein Bett. Eine Liege ist auch nicht da. Gute Nacht!“ Und sie rennt rasch aus dem Zimmer.

Sie hört noch ein herzliches Lachen, als sie den Gang hinunterläuft. Der Pförtner blickt ein wenig ärgerlich auf, als Hummelchen die Treppe wieder heruntergelaufen kommt.

„Ja, bist du denn immer noch nicht im Bett?“ sagt er. „Es ist bald elf Uhr. So kleine Kinder wie du müssen doch längst schlafen.“

„Ich weiß nicht mehr, wo ich wohne“, gesteht Hummelchen, „in dem Zimmer, wo ich war, liegt ein schwarzer Mann. Er meint, er hieße auch Mohrle. Aber mein Mohrle ist viel kleiner.“

„Du liebe Zeit“, stöhnt der Pförtner, „du warst im Zimmer des Gesandten aus Ghana. Man sollte dich wirklich nicht alleinlassen. Jetzt bringe ich dich nach oben, damit du auch wirklich in deinem Bett landest.“

Er nimmt Hummelchen bei der Hand, als könnte sie ihm jetzt entwischen und irgend etwas Dummes anstellen. Der Boy fährt sie beide nach oben, und bald darauf liegt Hummelchen in ihrem Bett. Der Pförtner deckt sie zu, löscht das Licht und verläßt mit einem Gefühl der Hoffnung, daß nun die Überraschungen für heute zu Ende sind, das Zimmer.

Als die Eltern nach einer halben Stunde ins Hotel zurückkommen, empfängt er sie mit einem vielsagenden Lächeln.

Der Mutter wird etwas unbehaglich zumute.

„Es ist doch alles in Ordnung?" fragt der Vater.

„Alles, bis auf ein paar Kleinigkeiten", sagt der Pförtner lächelnd, und er erzählt ihnen, was Hummelchen indessen angestellt hat.

„Das ist mir sehr unangenehm", sagt der Vater, „entschuldigen Sie vielmals, wenn Ihnen meine Kleine Ungelegenheiten gemacht hat."

„Es ist mir sehr peinlich", sagt nun auch die Mutter, „Ursula ist sonst recht brav."

Hummelchen erwacht, als die Eltern ins Zimmer treten. Sie setzt sich auf und blinzelt ins Licht.

„Da seid ihr ja", sagt sie gähnend, „war's schön?"

„Sehr schön, Hummelchen, wunderschön. Aber der Pförtner sagte uns, hier sei es nicht schön gewesen. Stimmt das?"

„Na, mir hat's gefallen", meint Hummelchen verschlafen, und sie sinkt zurück und ist bald darauf eingeschlafen.

Lauter Glück

Am nächsten Morgen verlassen sie nach dem Frühstück die große Stadt. Der Vater ist froh, als das Hotel hinter ihm liegt, und er atmet hörbar auf.

„Mir ist immer, als sähe ich die vorwurfsvollen Blicke der Hotelgäste vor mir, Biene", sagt er, „hoffentlich haben die Dame von gegenüber und der Herr von nebenan geglaubt, daß Hummelchen ihre Schuhe nur mit unseren verwechselt hat, und nicht gedacht, daß wir sie stehlen wollten. — Unangenehme Sache!"

Hummelchen lacht: „So schlimm war es ja gar nicht, Vati!

Jeder hatte seine richtigen Schuhe an. Niemand war mir böse."

„So?" fragt er zweifelnd. „Nun, ich hoffe trotzdem, daß dies die einzige Überraschung bleibt, die du uns auf dieser Reise machst, Hummelchen."

Hummelchen nickt ernsthaft und verspricht es.

Die letzten Häuser verschwinden hinter ihnen. Vor ihnen liegt freies Land mit Wiesen und Äckern. Trillernd steigen die Lerchen in den blauen Maienhimmel.

„Wir fahren die Bergstraße entlang", sagt der Vater und hält ein gemütliches Tempo, „die Autobahn ist mir zu wenig abwechslungsreich. Wir haben ja Zeit, Biene. Erst morgen abend muß ich in Stuttgart sein. Wir werden diese Nacht in einem Gasthof an der Bergstraße übernachten."

„Das ist mir recht", meint die Mutter, „du weißt ja, wie sehr ich die Fahrt durch Dörfer und Städtchen liebe. Es ist so anheimelnd, über einen Marktplatz zu fahren oder sich durch enge Gäßchen zu zwängen. Ich muß dann immer an unser kleines Thalburg denken."

„Ich auch, Mutti!" ruft Hummelchen vom Hintersitz, „gibt es in den anderen Städtchen auch eine Tüte und eine Blaue Pfütze und eine Wilde Mannsgasse?"

„Ich weiß es nicht. Ganz sicher gibt es aber auch anderswo einige drollige Straßennamen."

An der Bergstraße ist die Baumblüte schon vorbei, nur vereinzelt tragen ein paar Nachzügler unter den Pflaumenbäumen noch rosa Blüten. Dennoch ist das Bild, das sich ihnen durch die Autofenster bietet, reizvoll und bezaubernd. Sie halten oft an, um sich ein Dorf, eine Kirche, einen alten Brunnen anzusehen.

Hummelchen fragt und fragt. Ihr Mund steht keinen Augenblick still. Der Vater und die Mutter müssen das Wissen eines Lexikons haben und beantworten geduldig alle ihre Fragen.

„Oh, Vati, ein Bach, ein ganz heller Bach!" ruft sie, „ob es Fische darin gibt?"

„Wir wollen gleich nachsehen", sagt er und läßt den Wagen am Straßenrand ausrollen.

Die kleine Fahrstraße liegt zwischen buntgesprenkelten

Wiesen. Zur rechten Seite sprudelt ein Bach über Steine und hellen Kies.

Hummelchen sieht voller Spannung in das silberne Wasser.

„Ich sehe keine Fische“, sagt sie enttäuscht.

„Sicher ist ihnen der Bach zu klein“, meint die Mutter, „die Fische fühlen sich wohler, wenn der Bach breiter ist. Sie haben dann mehr Wasser zum Tummeln.“

Hummelchen läuft ein Stück bachaufwärts.

„Vielleicht sind hier oben welche“, ruft sie zurück, „hier ist der Bach breiter.“

Aber auch dort sind keine Fische. Dafür findet Hummelchen etwas anderes. Es liegt halb im Gras, halb auf dem Straßenrand. Es ist krumm und rostig. Hummelchen hebt es auf und betrachtet es neugierig. Was mag das sein?

„Was hast du da?“ ruft der Vater. „Sind die Fische an Land gegangen?“

Hummelchen kommt zurück und zeigt den Fund.

„Das ist ja ein Hufeisen“, sagt die Mutter.

„Ein Hufeisen? Was ist das?“ will Hummelchen wissen.

„Das bekommen die Pferde an die Füße geschlagen, damit sie besser gehen können.“

„Das muß den Pferden aber weh tun“, sagt Hummelchen, „ich glaube auch nicht, daß sie damit besser gehen können. Die armen Pferde!“

„Du brauchst sie nicht zu bedauern“, erwidert der Vater, „sie merken ja die Eisen gar nicht. Sie haben eine dicke Hornschicht an den Hufen. Darauf wird das Eisen geschlagen. Wenn sie kein Hufeisen bekämen, würde sich die Hornschicht ablaufen und sie bekämen arge Schmerzen, so arg, daß sie kaum noch laufen könnten.“

Hummelchen sieht das Hufeisen in ihrer Hand nachdenklich an.

„Meinst du, daß es ein Pferd verloren hat, Vati?“

„Das kann schon sein. Sicher läuft es jetzt nur noch mit drei Eisen herum und muß bald hinken, wenn sein Herr nicht merkt, daß es eins verloren hat.“

„Wird es dann krank?“

„Wenn es sich das Horn abgelaufen hat, kann der Fuß krank werden."

„Vati, wir müssen das Pferd suchen, das ein Eisen verloren hat", drängt Hummelchen.

„Wie willst du denn das finden? Willst du im nächsten Dorf an jede Tür klopfen und fragen, wo ist das Pferd, das ein Hufeisen verloren hat? Das geht nicht, Hummelchen. Der Bauer hat sicher längst gemerkt, daß sein Pferd nur noch auf drei Eisen läuft. Komm, mache dir keine Gedanken! Nimm es dir mit, das bringt dir Glück."

„Wieso? Was ist denn nun wieder, Vati?"

„Das Hufeisen gehört mit zu den Sinnbildern des Glücks", erklärt die Mutter, „genau wie der Schornsteinfeger, das Schweinchen und das vierblättrige Kleeblatt. Du weißt doch, daß sie meist auf den Glückwunschkarten zum Neuen Jahr abgebildet werden."

Hummelchen nickt: „Ja, das weiß ich. Bringt mir nun das Hufeisen Glück, weil ich es gefunden habe?"

„Wenn wir abergläubisch wären, würden wir daran glauben", sagte der Vater, „aber wir sind es nicht. Nimm es trotzdem mit! Mal sehen, wie dein Glück aussieht, wenn es dir begegnet."

Darauf ist Hummelchen auch gespannt. Sie legt das Hufeisen neben sich auf den Wagensitz und sagt zu Mohrle:

„Paß gut auf, damit wir das Glück nicht übersehen. Du hast ja Zeit dazu und brauchst dich um weiter nichts zu kümmern."

Recht hat Hummelchen, denn das Mohrle hat bis jetzt nur gemütlich im Wagen gesessen und sich spazierenfahren lassen.

Zu Mittag halten sie vor einem alten Dorfgasthof. Er hat einen kleinen Garten, in dem riesige alte Kastanien stehen. Hummelchen eilt sofort auf einen Tisch zu.

„Wir essen im Freien, ja?" ruft sie, „da schmeckt es viel besser als in der Gaststube."

Der Wirt verschwindet eben im Nebengebäude.

„Warum kommt er nicht?" fragt die Mutter nach einer Weile verwundert, „er hat uns doch kommen sehen. Er konnte wenigstens die Speisekarte bringen."

Hummelchen meint: „Vielleicht mußte er erst den Kühen zu essen geben. Die haben doch jetzt zu Mittag auch Hunger."

Doch da kommt der Wirt eilig gelaufen.

„Entschuldigen Sie bitte, wenn ich Sie warten lassen mußte", sagte er höflich, „mein Sohn kam gerade vom Feld und rief mir zu, das Pferd sei lahm. Es wäre Pech für mich, wenn das Pferd krank würde, denn mein Trecker ist in Reparatur. Das Pferd ist mir da eine große Hilfe. Aber jetzt werde ich Sie bedienen. Was darf ich ihnen bringen?"

Die Mutter bestellt frischen, grünen Salat, Gemüse und ein Stück Fleisch mit Kartoffeln. Er nickt und eilt davon.

Hummelchen sagt hastig: „Mutti, sein Pferd ist lahm. Sicher hat es nur drei Hufeisen. Ich muß sofort zu ihm." Sie springt vom Stuhl und läuft ihm nach.

Der Gastwirt steht in der Küche, als Hummelchen atemlos herein kommt.

„Ich weiß, was Ihr Pferd hat", ruft sie eifrig, „es hat ein Hufeisen verloren! Ich habe es gefunden. Wenn Sie es wieder aufschlagen, wird Ihr Pferd nicht krank."

Der Gastwirt sieht das kleine Mädchen einen Augenblick sprachlos an, dann lacht er.

„Ei der Daus! Ich glaube gar, du hast recht! Daß wir daran nicht gedacht haben. Da muß ich doch gleich in den Stall gehen und nachsehen. Frau, mach' du den Herrschaften das Essen zurecht!" Und er verläßt die Küche. Hummelchen geht mit ihm in den Stall.

Der Gastwirt hebt den rechten Vorderfuß des Pferdes an und lacht. „Wahrhaftig, Kind, du hast recht. Der Braune hat kein Hufeisen mehr. Er muß es schon vor Tagen verloren haben. Das Horn ist schon ziemlich abgelaufen. Ei, ei, das ist eine schöne Bescherung. Wir müssen zum Schmied mit ihm."

„Ich hole schnell das Hufeisen!" ruft Hummelchen und läuft aus dem Stall. „Jetzt können wir dem Pferd helfen, Mohrle", sagt sie, als sie das Eisen aus dem Wagen holt, „du brauchst nicht mehr aufzupassen. Leg dich hin und schlafe!" Und sie knallt die Wagentür zu und eilt in den Stall zurück.

„Hummelchen, dein Essen wird kalt!" ruft die Mutter hinterher, aber Hummelchen ist schon hinter der Tür verschwunden.

Der Gastwirt besieht sich das Eisen.

„Es ist zu rostig", meint er, „die Nägel haben nicht mehr gehalten. Der Braune bekommt ein neues Eisen."

„Ich brauche es auch nicht mehr", sagt Hummelchen, „es gehört dem Braunen. Er kann es sich aufheben, dann hat er Glück."

„Also gut", sagt der Gastwirt lächelnd und nimmt das Eisen aus Hummelchens Hand, „ich werde es über die Stalltür nageln. Da kann es sich der Braune immer ansehen."

Hummelchen nickt. Dann kehrt sie zufrieden zu den Eltern zurück.

„Du hast also dein Glück verschenkt", sagt der Vater, als sie ihm die ganze Geschichte erzählt hat, und sieht sie augenzwinkernd über den Teller hinweg an.

„Ich habe dem Braunen nur sein Eisen zurückgegeben", meint Hummelchen, „es gehörte doch ihm. Habe ich nun kein Glück mehr?"

„Natürlich hat mein Hummelchen immer Glück. Wenn ich abergläubisch wäre, würde ich sagen, du hättest dein Glück leichtsinnig verschenkt."

Er beobachtet Hummelchen, die nachdenklich auf ihren Teller sieht. Plötzlich springt sie auf und läuft zum Stall zurück.

„Wo willst du hin, Hummelchen?" ruft der Vater nach, „es war doch nur Spaß. Du wirst doch dem Braunen das Eisen nicht wieder wegnehmen?"

Aber Hummelchen ist schon hinter der Tür verschwunden. Nein, dem Braunen will sie das Hufeisen nicht wieder wegnehmen. Was geschenkt ist, ist geschenkt. Aber sie hatte vorhin im Koben neben dem Pferdestall etwas gehört und gesehen. Wenn es zunächst auch nur ein rosa Borstenrücken war.

Der Stall ist leer, denn der Sohn des Gastwirtes ist mit dem Braunen zum Schmied gegangen. Der Gastwirt ist wieder im

Hause. Vorsichtig öffnet sie die Tür zum Koben. Dort liegt ein mächtiges Schwein und darum zehn kleine rosa Ferkel.

„Wie süß", flüstert Hummelchen, „wie die Marzipanschweinchen im Schokoladengeschäft. Hör mal, Schwein, du hast soviele Kinder. Du kannst mir eins geben, dann habe ich wieder Glück, denn ich habe dem Braunen das Hufeisen wiedergegeben. Aber Schweinchen bringen auch Glück. Das weißt du doch sicher auch, sonst hättest du nicht soviele Schweinchenkinder. Du gibst mir doch eins, nicht wahr?"

Die Sau hebt nicht einmal den Kopf. Sie grunzt nur. Hummelchen nimmt das als Antwort.

„Danke schön", sagt sie, bückt sich und hebt eines der Ferkel auf den Arm, „danke schön! Du hast ja immer noch genug." Und sie trägt es vorsichtig hinaus.

„Du liebe Zeit, was bringt sie denn da?" fragt die Mutter.

„Ich ahne etwas, Biene", sagt der Vater und verbeißt sich ein Lachen.

„Seht nur Mutti, Vati, was ich habe!" Hummelchens Augen blitzen vor Freude. „Ein Schweinchen! Nun habe ich wieder Glück, nicht wahr?"

„Das willst du doch nicht etwa mitnehmen?" fragt die Mutter entsetzt.

„Warum nicht? Es ist so süß. Die Schweinemutter hat noch so viele Kinder. Soviel Glück braucht sie ja gar nicht."

„Hummelchen, Hummelchen", ruft der Vater lachend, „ich sagte dir doch, daß alles Aberglaube ist. Du hast auch ohne Schweinchen Glück, denn das Glück kommt nicht von außen zu den Menschen, sondern von innen, aus ihren Herzen. Nur darauf kommt es an. — Geh', schaff' das Schweinchen wieder zurück!"

„Bring es zurück, Hummelchen", sagt nun auch die Mutter, „man nimmt doch einer Mutter nicht einfach eins ihrer Kinder weg, auch wenn sie noch so viele hat. Dir würde es sicher auch nicht gefallen, wenn man dir dein Mohrle oder ein anderes deiner Kinder wegnimmt."

Das sieht Hummelchen ein. Sie bringt das Ferkel wieder in

den Stall zurück. Ob der Vati bestimmt weiß,. daß alles das nur Aberglaube ist?

Am Nachmittag machen sie eine kleine Rast an einer Wiese. Hier wachsen Löwenzahn und Butterblumen, Gänseblumen, Klee und allerlei Gräser. Hummelchen pflückt sich einen großen Strauß.

„Der ist für euch!" ruft sie schon weitem, „der ist für euch, Mutti, Vati. Ist der nicht schön?"

„Er ist sehr schön, Hummelchen", sagt der Vater.

„Wieviele Blätter hat ein Kleeblatt, Vati?" fragt sie.

„Immer drei", antwortet er, „ab und zu mal vier, aber das ist seltener."

„Ich habe vier Blätter", ruft sie und zieht einen Stengel aus dem Strauß heraus, „guck mal!"

„Sieh einer an. Mir scheint, du wirst heute vom Glück verfolgt", meint der lachend, „erst findest du ein Hufeisen, dann willst du ein Schweinchen entführen und jetzt hast du ein vierblättriges Kleeblatt. Paß nur auf, daß du es nicht verlierst."

Hummelchen steckt es ins Knopfloch neben einen der roten Knöpfe an ihrem Dirndlkleid. Sie ist sehr stolz auf ihr Glückskleeblatt.

„Den Blumenstrauß schenkst du einer Kuh auf der Weide", schlägt die Mutter vor, „wir haben im Auto ja keine Vase dafür, und so verwelkt er nur."

Eine Kuhweide finden sie bald. Die Kühe trotten näher, als der Wagen an ihrem Zaun hält. Sie strecken ihre Köpfe über den Draht und fressen Hummelchens Strauß aus der Hand. Dabei kommt Hummelchen dem Kuhmaul zu nahe und schwupps, ist auch ihr Glückskleeblatt mit verschwunden.

„Ist die aber frech", entrüstet sich Hummelchen, „jetzt hat die mir mein Glück aufgefressen."

„Das war wirklich nicht nett von ihr", sagt der Vater, „sie hatte doch an dem Strauß genug. Ja, siehst du, so schwindet das Glück dahin, kaum gewonnen, schon zerronnen. Es gibt ja noch einen Glücksbringer, aber es wäre wirklich ein großer Zufall, wenn du dem heute auch noch begegnen würdest."

„Was ist das, Vati?"

„Na, überlege mal! Wir hatten ihn dir schon genannt."

Die Mutter zeigt auf Mohrle. „Wie schwarz das Mohrle ist", sagt sie, um ihr eine kleine Hilfe zu geben, „ob man sein schwarzes Gesicht abwaschen kann?"

„Aber nein", ruft Hummelchen sofort, „die schwarze Haut ist ihm doch angewachsen. Nur ein Schornsteinfeger kann sein schwarzes Gesicht abwaschen." Und dann stutzt sie: „Ja, ein Schornsteinfeger war es noch. Den sehe ich sicher heute auch."

„Nein, so viele Zufälle auf einmal gibt es wohl nicht", meint der Vater. „Jetzt wieder hinein in den Wagen! Die Fahrt geht weiter. Im nächsten Ort, der uns gefällt, bleiben wir über Nacht."

Hummelchen sagt zu Mohrle: „Jetzt mußt du auf einen Schornsteinfeger achten. Ich passe auch auf. Wir müssen ihn heute noch finden."

„Es sollte mich nicht wundern, wenn wir wirklich einem begegnen, Biene", sagt der Vater.

„Bei Hummelchen ist alles möglich", meint die Mutter mit einem Seitenblick auf ihr kleines Mädchen, das aufmerksam über die Straße sieht. Aber es läßt sich kein Schornsteinfeger blicken. Am Spätnachmittag kommen sie durch einen hübschen, kleinen Ort.

„Hier bleiben wir!" entscheidet der Vater.

Der Mutter und Hummelchen gefällt es hier auch. In einem Gasthof bekommen sie ein großes, freundliches Zimmer. Dann machen sie einen Rundgang durch den Ort. Hummelchens Wunsch erfüllt sich nicht. Nirgendwo sieht sie einen Schornsteinfeger. Etwas traurig und enttäuscht geht sie mit den Eltern in den Gasthof zurück.

„Jetzt essen wir zu Abend", sagt der Vater, „und dann schlage ich noch einen kleinen Gang durch Feld und Wiesen vor, um den Sonnenuntergang zu beobachten."

„Ob wir dort einen Schornsteinfeger sehen?" fragt Hummelchen.

„Warum nicht?" meint der Vater. „Vielleicht war er oben bei Frau Sonne und hat ihr den Kamin geputzt, damit sie sich auf dem Herd ein Schnitzel braten kann. Der Kamin war arg verrußt. Ja, und nun kommt er wieder auf die Erde zurück. Er hat seine schwarze Leiter geschultert und steigt auf einem Sonnenstrahl herab. Das ist nicht schwierig, denn die Strahlen der Sonne liegen ja bei ihrem Untergang sowieso fast waagerecht. Also, er kommt herunter, geht über das Feld und begegnet uns. Dann sagst du, guten Abend, Herr Schornsteinfeger, Sie fehlen mir gerade noch in meiner Glücksserie . . ."

Da geht die Tür der Gaststube auf. Dem Vater fällt das Rührei von der Gabel.

Die Mutter flüstert: „Nein, das gibt es doch nicht", und vergißt weiterzuessen.

Hummelchen aber springt von ihrem Stuhl hoch und eilt dem Eintretenden entgegen.

„Guten Abend, Herr Schornsteinfeger!" ruft sie lachend, „Sie fehlen mir gerade noch in meiner Glücksserie!"

„So freudig bin ich noch nie begrüßt worden", wundert sich der schwarze Mann, „gewöhnlich machen die Leute ein abweisendes Gesicht, wenn sie mich sehen, denn es läßt sich nicht immer vermeiden, daß ich rußige Spuren hinterlasse."

Der Wirt ist in die Stube getreten.

„Kennen Sie meinen Sohn?" fragt er Hummelchens Vater,

„er ist Schornsteinfegermeister. Er kommt jetzt aus dem Nachbarort nach Hause."

„Nein, nein", erwidert der Vater und schüttelte den Kopf, „die Sache ist anders", und erzählt schnell, was es mit Hummelchens Begrüßung auf sich hatte.

Sie lachen alle, und der Schornsteinfeger meint: „Da hast du heute wirklich einen Glückstag gehabt. Und damit du das nicht vergißt, schenke ich dir nachher etwas, wenn du gegessen hast."

Hummelchen leert im Nu ihren Teller. Nachher bringt ihr der Gastwirtssohn eine kleine Anstecknadel, an der ein Schornsteinfeger mit geschulterter Leiter baumelt.

„Den nimmst du mit auf deine weitere Fahrt, und ich wünsche dir eine gute Reise."

Da dankt ihm Hummelchen erfreut und drückt ihm die schwarze Hand. So ist doch eines der Glückszeichen bei ihr geblieben.

Das Autogramm

Am Nachmittag kommen sie in Stuttgart an. Auf der Fahrt zum Hotel denkt Hummelchen daran, daß sie nun einen ganzen langen Tag allein bleiben muß, und so sagt sie traurig: „Alle Leute dürfen zu dir kommen und zuhören, wenn du vorliest, nur ich nicht, und ich bin dein Kind."

„Du bist noch zu klein und würdest gar nicht verstehen, was ich vorlese. Dann langweilst du dich und wirst gähnen. Du wirst die anderen Leute anstecken, und dann schlafen sie alle. Das wäre doch schrecklich für mich."

„Ach, Vati, du machst ja nur Spaß. Ich würde bestimmt nicht einschlafen. Ich höre dir so gerne zu . . ."

„Ja, wenn ich dir Märchen vorlese", wirft er ein.

„Weißt du was, Thomas?" sagt die Mutter. „Ich überlege mir gerade, ob wir Hummelchen nicht doch mitnehmen sollten. Im Hotel langweilt sie sich, und dann richtet sie wieder etwas Dummes an."

„Sie soll ja schlafen", brummt er, „wie kann man etwas Dummes anrichten, wenn man schläft? Also gut, sie soll mitkommen, aber . . ."

„Oh, du bist der beste Vati!" Hummelchen springt auf und will ihn von hinten umarmen.

Er muß scharf bremsen, und Hummelchen fliegt wieder auf ihren Sitz zurück. „Beinahe hätte ich den Hund überfahren. Hummelchen, Hummelchen, dann wärst du daran schuld gewesen. Du weißt doch, daß du mich in Ruhe lassen mußt, wenn ich fahre."

„Ich weiß es, Vati", murmelt sie kleinlaut, „ich habe mich bloß so toll gefreut."

Sie freut sich auch noch, als sie am Abend an der Hand der Eltern das große, hellerleuchtete Haus betritt. Die Eingangshalle sieht mit ihren Teppichen und Sesseln aus wie eine Hotelhalle. Die Besucher steigen die weiße Treppe hinauf zum großen Saal, wo die Lesung stattfindet.

In der Halle kommt ihnen ein Herr entgegen und begrüßt sie freundlich. Er sieht ein wenig erstaunt auf das kleine Mädchen herunter.

„Wer bist denn du?" fragt er.

„Ich bin das Kind von Herrn Paulsen", gibt Hummelchen Bescheid, „ich darf heute mit hier sein, wenn Vati vorliest."

„Oje, mein verehrter Herr Paulsen, da werden Sie sich Mühe geben müssen", meint der Mann lachend.

Er führt seine Gäste in ein kleines Zimmer im Hintergrund der Halle.

„So, hier können Sie ablegen, Herr Paulsen. Ich habe alles vorbereitet. Hier sind Ihre Bücher. Wir bringen sie vor Schluß der Lesung nach oben. So kann sie sich jeder in Ruhe ansehen."

Nun beginnt bald die Lesung. Der Herr verläßt mit einem Gruß das Zimmer. Der Vater betrachtet sich noch einmal im kleinen Spiegel an der Wand.

„Sind das deine Bücher?" fragt Hummelchen, „was machst du damit, Vati?"

„Ich muß meinen Namen hinein schreiben, wenn die Leute sie mir vorlegen. Das nennt man, ein Autogramm geben. Sie haben dann eine Erinnerung an mich und an den heutigen Abend."

„Mußt du in alle Bücher deinen Namen schreiben?" will Hummelchen wissen. — „Ja, gewiß!"

„Uih, da hast du aber noch viel zu tun."

„So schlimm ist es nicht. Aber jetzt sei schön brav. Du weißt, was ich dir gesagt habe. Du bleibst hier im Zimmer! Wenn du müde bist, legst du dich in den Sessel und machst die Augen zu. Du hast ja deinen Mohrle bei dir und brauchst dich nicht zu langweilen. Verstanden?"

„Ja, Vati. Ich wäre aber gern mit in den Saal gegangen, wo die anderen Leute sind."

„Das ist keine Märchenstunde, Hummelchen. Und nun sei lieb!" Er nimmt sie schnell in seine Arme und küßt sie herzlich, „bis nachher! Du wirst sehen, wie schnell die Zeit vergeht."

Die Eltern gehen hinaus, und Hummelchen ist allein. Die Stimmen in der Halle sind verstummt. Es ist so still, als sei Hummelchen allein in dem großen Haus. Sie klemmt ihr Mohrle unter den Arm und geht von einem Möbelstück zum anderen.

„Guten Abend", sagt sie, „ich möchte Ihnen einen Besuch machen, Frau Sessel. Wie geht es Ihnen?"

Frau Sessel schweigt. Sie sieht gemütlich und elegant aus mit ihrem dunkelroten Bezug.

„Und wie geht es Ihnen, Herr Schrank? Sie sind sicher recht schwer, denn Sie haben so viele Bücher zu tragen."

Auch er schweigt. Hummelchen geht zum Tisch, auf dem die Bücher des Vaters liegen. Es ist ein schöner, polierter Tisch mit zwei kräftigen, geschnitzten Stützen, die ihm als Füße dienen.

„Guten Abend", sagt Hummelchen, „ich möchte auch bei Ihnen vorbeikommen. Sie sind sicher schon recht alt. Solch einen Tisch haben wir auch in unserem Haus. Er ist noch von Onkel Lachmund. Und Onkel Lachmund war auch schon alt. Unsere Tische sind viel moderner."

Es ist still in dem kleinen Zimmer.

„Eigentlich ist's hier auch recht langweilig, Mohrle", meint

Hummelchen und seufzt, „was könnten wir bloß machen?" Da fällt ihr Blick auf die Bücher des Vaters.

„Weißt du was, Mohrle? Ich werde dem Vati helfen. Er muß nachher noch in alle Bücher seinen Namen schreiben. Der arme Vati. Die Arbeit kann ich ihm schon abnehmen. Da wird er sich freuen."

Im Bücherschrank war ihr schon vorhin eine Schale mit Schreibzeug aufgefallen. Daraus holt sie sich einen Kugelschreiber und macht sich an die Arbeit. Auf die erste freie Seite schreibt sie ein steiles „Thomas Paulsen". Sie schreibt es in jedes Buch und ist recht stolz auf ihr Werk.

„Was machen wir nun, Mohrle? Hier ist es wirklich langweilig im Zimmer. Komm mit, wir gehen einmal ganz leise hinaus und gucken, was draußen los ist."

Sie klemmt das Mohrle unter den Arm und drückt leise und vorsichtig die Klinke nieder. Die Halle ist leer. Kein Mensch ist zu sehen. Vom ersten Stockwerk herunter klingt gedämpft die Stimme des Vaters. Hummelchen schleicht auf dem dicken Läufer zur Treppe. Er verschlingt ihre Tritte, als sie langsam nach oben steigt. Drei weiße Türen führen in den Saal. Hummelchen bleibt stehen und horcht. Fast kann sie verstehen, was der Vater spricht, so klar und deutlich klingt seine Stimme.

„Was meinst du, Mohrle? Ob wir's wagen? Wenn wir ganz still sind, erlaubt der Vater sicher, daß wir ihm zuhören."

Mohrle funkelt mit seinen schwarzen Augen. Er macht alles mit, was Hummelchen anstellt, denn er liebt seine Puppenmutti sehr. Vorsichtig öffnet sie die mittelste der Türen. Einige Zuhörer wenden sich ihr zu. Der Vater blickt in sein Buch und bemerkt sie nicht. Die Mutter aber sieht sie sofort und erschrickt. Du liebe Zeit, Hummelchen! Mit raschen, leisen Schritten eilt sie zur Tür, nimmt das Mädel bei der Hand und zieht es auf den Stuhl neben sich.

„Daß du ganz still bist!" flüstert sie ärgerlich.

Hummelchen verhält sich auch wirklich ganz still.

Endlich ist die Lesung beendet. Der Vater bekommt lang anhaltenden Beifall. Die Türen öffnen sich. Auf dem breiten Gang stehen Tische, auf die man unterdessen die Bücher des

Vaters gelegt hat. Sie werden alle verkauft. Da die Leute den Namen des Autors darin sehen, kommen sie nicht erst zu ihm, um sich ein Autogramm geben zu lassen. Es sind nur einige wenige der Zuhörer, die das Buch nicht erst aufschlagen und nun zum Autor kommen und ihn um seinen Namenszug bitten.

Der erste ist ein Herr mit schwarzer Brille.

„Wir haben uns schon einmal gesehen", sagt er zu ihm, „wir wohnen zusammen im Hotel ‚Schwäbischer Hof'."

„Ja, gewiß", Hummelchens Vater ist erfreut, „ich weiß, Sie sind Professor Warburg, der bekannte Forscher. Ich freue mich, daß Sie heute Abend hierhergekommen sind."

„Warum nicht?" sagt der Professor. „Ich habe alle Ihre Bücher gelesen. Ich nehme mir auch heute Ihr neuestes Buch mit. Sie werden mir zur Erinnerung an diesen Tag Ihren Namen hinein schreiben?"

„Aber gern, Herr Professor", Hummelchens Vater schlägt das Buch auf und stutzt.

Da steht ein steiles „Thomas Paulsen" auf der ersten Seite. Er erkennt sofort Hummelchens Schrift. Er sieht sie an, denn sie steht mit der Mutter neben seinem Tisch, an dem er vorgelesen hat.

„Jetzt freust du dich, Vati, ja?" fragt sie erwartungsvoll. „Nun brauchst du nichts mehr zu schreiben."

„Aber Kind, das hättest du nicht machen dürfen", sagt der Vater erschrocken, „den Namen muß man immer selber schreiben, sonst ist es ja kein Autogramm. Hoffentlich ist es das einzige Buch, in das du geschrieben hast."

„Nein, Vati, ich habe in alle Bücher geschrieben."

„In alle? Ach, du liebe Zeit! Hummelchen, was hast du da wieder angestellt! Jetzt brauche ich mich nicht mehr zu wundern, daß sich niemand ein Autogramm geben läßt. Die Leute werden meinen, ich hätte so eine Kinderschrift."

Hummelchen ist bestürzt, daß sie etwas falsch gemacht hat.

„Aber, Vati, ich wollte dir doch bloß helfen. Es waren so viele Bücher. Da dachte ich, ich könnte dir die Arbeit abnehmen, wenn ich deinen Namen hineinschreibe."

„Das ist ja alles nicht so schlimm", meint der Professor und lacht gemütlich, „schreiben Sie ihren Namen noch einmal darüber, Herr Paulsen. Das ist das interessanteste Autogramm, das ich je bekam."

Das finden auch die anderen Leute, die noch auf ein Autogramm warten.

„Herr Paulsen, wenn es Ihnen Freude macht, würde ich Ihnen morgen früh mein neuestes Buch über die ägyptischen Ausgrabungen überreichen", sagt der Professor.

„Es macht mir große Freude", erwidert Hummelchens Vater herzlich, „denn es interessiert mich sehr."

Am anderen Morgen begegnet Hummelchen auf dem Gang des Hotels einem Jungen. Er bleibt stehen und sieht sie groß an. Er hat schon beim Abendessen im Speisesaal zu ihr hingesehen, als sein Vater sagte: „Dort sitzt Thomas Paulsen mit seiner Frau und seiner Tochter", und er hat Hummelchen verstohlen die Zunge herausgesteckt, was Hummelchen ebenso verstohlen erwiderte. Jetzt sagt er:

„Mein Vati hat gestern ein Buch aus der Lesung mitgebracht. Du hast ein Autogramm hineingeschrieben, stimmt's?"

„Ja, das habe ich gemacht", gibt sie zu, „dein Vati hat gesagt, daß es das beste Autogramm ist, was er hat."

Der Junge sagt nach einer Weile: „Mein Vati schreibt auch Bücher. Aber ich mache so was nicht."

„Warum machst du es nicht?" fragt Hummelchen. „Hast du keinen Mut?"

„Pah, ich habe Mut. Ich bin doch ein Junge. Gleich jetzt tu ich's. Komm mit. Ich weiß, wo Vati seine Bücher hat", und er geht Hummelchen voran.

Der Professor ist noch im Bad und rasiert sich. Der Junge schleicht sich ins Zimmer zurück und nimmt ein Buch vom Tisch. Dann schreibt er entschlossen „Gerd Warburg" auf die erste Seite.

„Na, siehst du", sagt Hummelchen lachend, „es ist ganz einfach. Nun hast du auch ein Autogramm geschrieben. Aber jetzt muß ich fort. Meine Eltern warten auf mich", und sie läuft davon.

Sie sitzt mit den Eltern am Frühstückstisch, als der Professor mit seinem Sohn den Speisesaal betritt. Der Professor hat ein Buch unter dem Arm und kommt auf Hummelchens Vater zu.

„Guten Morgen, Herr Paulsen. Ich möchte mein Wort halten und bringe ihnen das versprochene Buch". Er will es über den Tisch reichen, da besinnt er sich. „Sie wollten auch ein Autogramm von mir bekommen", sagt er, legt es auf den Tisch und schlägt es auf. Da entdeckt er auf der ersten Seite ein steiles „Gerd Warburg" und blickt über die Brille hinweg zu seinem Sohn hin.

„Ist Ihnen auch schon jemand zuvorgekommen, Herr Professor?" fragt Hummelchens Vater schmunzelnd.

„Mein Junge hat seinen Namen hineingeschrieben. — Wie kommst du dazu?"

Gerd wird rot und sieht schuldbewußt von seinem Tisch herüber.

Hummelchen ruft: „Gerd hat auch einmal ein Autogramm geben wollen. Und da habe ich ihm gesagt, er soll in ein Buch von seinem Vater schreiben, damit es auch das beste Autogramm wird."

Der Professor schüttelt lächelnd den Kopf und schreibt seinen Namen über den seines Sohnes.

„Es ist das interessanteste Autogramm, das ich habe", meint Hummelchens Vater und nimmt das Buch aus der Hand des Professors. Dann sehen sie sich an und lachen herzlich.

Hummelchen als Babysitter

Nun sind sie nach München weitergefahren, wo der Vater ebenfalls aus seinem Buch vorlesen soll.

Ein Freund von ihm wohnt in einer Vorstadt Münchens. Kleine Häuser stehen in kleinen Gärten, und weit hinter ihnen dehnen sich Wälder und Berge.

Hummelchens Vater hält vor dem Haus in der Kirschbaumallee. Sie werden herzlich begrüßt und hineingebeten.

Ein kleines Mädchen hält sich hinter dem Kleid der Mutter verborgen.

„Komm doch her", ruft Hummelchen, „ich tu dir nichts. Wir spielen zusammen. Willst du?"

„Sie ist ein wenig schüchtern", erklärt ihre Mutter, „aber das ist immer nur am Anfang so. Wenn Marlies erst Zutrauen gefaßt hat, dann spielt sie mit dir, Ursula."

Marlies guckt Hummelchen noch immer hinter dem Kleid der Mutter hervor an. Da drückt Hummelchen ihre Daumen an die Schläfen, wedelt mit den Händen und wackelt mit der Nasenspitze herauf und herunter. Da muß Marlies lachen, und die Freundschaft ist geschlossen.

„Wir kommen heute abend selbstverständlich mit zur Lesung", sagt Marlies' Vater.

„Aber die Kinder!" wirft Hummelchens Mutter erschrocken ein.

„Keine Sorge, ich habe einen Babysitter. Edith ist sechzehn Jahre alt. Sie kommt oft zu uns, wenn wir ins Theater oder Kino gehen wollen, und beaufsichtigt Marlies. Wir können ganz unbesorgt weggehen."

„Das beruhigt mich", sagt Hummelchens Mutter erleichtert, „denn unsere Ursula ist ein kleiner Wildfang."

„Ein großer!" wirft der Vater ein.

„Ich rufe Edith an, sie hat uns noch nie im Stich gelassen."

Nein, das hat Edith noch nicht. Aber heute hätte sie Marlies' Vater gern abgesagt, denn sie ist zu einer Geburtstagsfeier bei einer Freundin eingeladen. Sie haben einen Kellerraum ausgeschmückt und wollen tanzen und lustig sein. Nun soll sie Babysitter spielen. Marlies' Eltern sind immer so nett zu ihr. Sie möchte sie nicht enttäuschen. Also verspricht sie zu kommen und legt seufzend den Hörer auf die Gabel.

Marlies sagt: „Das ist fein, Ursula. Mit Edith ist es nie langweilig. Sie kann viele Spiele mit uns machen. Oder soll sie uns vorlesen?"

Hummelchen ist das gleich. Die Hauptsache ist ihr, daß es Spaß gibt.

Aber Edith scheint heute keine Lust zum Spaßmachen zu

haben. Sie denkt an die Geburtstagsfeier und ist ein wenig einsilbig.

„Marlies und ich sind schon so groß", sagt Hummelchen, „wir brauchen gar keinen Babysitter mehr. Du kannst wieder fortgehen, wenn du willst."

„Woher weißt du, daß ich fortgehen will?" fragt Edith erstaunt.

„Weil du immer nach der Uhr siehst", sagt Hummelchen, „willst du auch zuhören, wie mein Vati vorliest?"

„Nein, aber ich sollte heute zu einer Geburtstagsfeier kommen. Ich hatte mich so darauf gefreut."

„Dann geh doch", drängt Hummelchen, „wir können auch allein spielen, nicht wahr, Marlies?"

Die kleine Marlies schüttelt den Kopf. „Ich habe aber Angst, wenn wir allein sind. Edith soll nicht fortgehen", sagt sie.

„Du brauchst keine Angst zu haben. Ich bin ja bei dir. Ich bin dein Babysitter. Ich passe auf dich auf", verspricht Hummelchen.

Edith weiß nicht, was sie tun soll. Sie möchte gern zu der Geburtstagsfeier, aber sie möchte auch ihre übernommene Pflicht erfüllen.

Schließlich sagt sie: „Du bist ein flinkes, kleines Mädchen, Ursula. Du wirst gut auf Marlies achtgeben, ja? Spielt noch eine halbe Stunde und geht dann zu Bett. Ich gehe nur für eine Stunde zu meiner Freundin. Wenn eure Eltern zurückkommen, bin ich längst wieder da. Wollt ihr schön brav sein?"

Marlies nickt traurig. Sie ist doch ein wenig bange, denn Hummelchen ist ja kein richtiger Babysitter. Sie ist so klein, wie sie selbst. Nur kecker ist sie und viel mutiger.

„Wir sind bestimmt ganz brav", verspricht Hummelchen und sieht Edith ernsthaft an.

Edith kennt die kleine wilde Hummel noch nicht, sonst hätte sie den treuherzigen, braunen Augen nicht so leicht geglaubt.

„Das ist lieb von euch," sagt sie froh, schlüpft in ihre Jacke und eilt zur Tür, „den Schlüssel nehme ich mit. So kann ich herein, wenn ich zurückkomme, und brauche euch nicht im Schlaf zu stören. — Auf Wiedersehen!"

„Auf Wiedersehen!“ ruft Hummelchen fröhlich. „Viel Spaß, Edith!“ Und sie winkt ihr nach. Dann drückt sie die Tür zu.

„Was machen wir nun?“ fragt Marlies bedrückt. „Es ist so still. Ich fürchte mich.“

Hummelchen lacht. „Du brauchst dich nicht zu fürchten. Ich bin jetzt dein Babysitter. Komm, wir gehen ins Spielzimmer zu deinen Puppen und zu meinem Mohrle. Wir können fein mit ihnen spielen.“

Aber Marlies bleibt weiterhin still und bedrückt, und Hummelchen hat bald keine Lust mehr, mit den Puppen zu spielen.

„Hätten wir doch Edith nicht fortgelassen.“ Marlies hat Mühe, die Tränen zu unterdrücken.

Hummelchen überlegt. „Komm mit“, sagt sie, „wir wollen sehen, wo wir noch etwas Nettes finden, womit wir spielen können. Puppen sind so langweilig.“

Sie geht Marlies voran, die leise hinter ihr herschleicht, und guckt in alle Zimmer des Erdgeschosses.

„Das ist Vatis Arbeitszimmer“, sagt Marlies, als Hummelchen den Raum neben dem Spielzimmer betritt, „hier gibt's nichts für uns zu spielen.“

Aber Hummelchen hat schon etwas entdeckt, und ihre Augen leuchten auf.

„Hier gibt's was ganz Herrliches für uns zum Spielen!" ruft sie vergnügt. „Komm rein und mach die Tür zu!"

Marlies kann sich wirklich nicht denken, was Hummelchen wohl meinen könnte, aber sie macht gehorsam die Tür zu und tritt an den Schreibtisch.

Hummelchen zeigt auf das Telefon und sagt: „Wir rufen andere Leute an und unterhalten uns mit ihnen. Was meinst du, was das für einen Spaß gibt, Marlies!"

„Man darf doch keine fremden Leute anrufen und stören", gibt Marlies zu bedenken, „das hat mein Vati immer gesagt."

„Wir wollen sie ja nicht stören", versichert Hummelchen, „wir wollen uns nur mit ihnen unterhalten. Und die freuen sich drüber. Du wirst es sehen."

Marlies ist nicht so ganz davon überzeugt.

„Wen willst du denn anrufen?" fragt sie. „Du kennst ja hier in München niemand."

Hummelchen greift schon nach dem Telefonbuch. Sie weiß, wie man damit umgeht.

„Ich suche mir jemand heraus", ihre Finger wühlen zwischen den Seiten, „irgend jemand, der einen schönen Namen hat", ihre Augen huschen über die Seiten, „da, hier habe ich einen Namen. Thomas Falkenberg, das klingt doch schön, Marlies, nicht?"

Das muß Marlies zugeben. Hummelchen flüstert die Zahlen vor sich hin und dreht die Scheibe.

Es dauert nicht lange, da sagt eine Kinderstimme: „Hier ist Harro Falkenberg. Wer ist denn dort?"

„Hier ist Hummelchen . . ."

„Was für ein Ding? Eine kleine Hummel? Du bist wohl aus dem Märchenbuch?" fragt eine Jungenstimme.

Hummelchen lacht. „Nein, ich bin nicht aus dem Märchenbuch! Ich bin hier bei meiner Freundin Marlies. Wir sind ganz allein und langweilen uns. Ich wollte dich fragen, ob du dich ein bißchen mit uns unterhalten willst."

„Du bist ja drollig", sagt die Stimme im Telefon. „Woher kennst du mich denn?"

„Ich kenne dich nicht. Ich habe deinen Namen im Telefonbuch gelesen, und weil er so schön ist, habe ich dich angerufen. Aber du heißt vielleicht gar nicht Thomas, wie dein Vati?"

„Thomas heißt mein Vater", gibt der Junge Bescheid, „ich heiße Harro."

„Wie alt bist du denn?" will Hummelchen wissen.

„Ich werde bald elf", sagt er, „und du?"

„Ich bin acht," sagt Hummelchen, „und Marlies ist sieben."

„Ich bin nämlich auch allein zu Hause", berichtet Harro. „Meine Eltern und meine Schwester sind zur Lesung von Thomas Paulsen gegangen . . ."

„Das ist mein Vati!" ruft Hummelchen, „ist das nicht spaßig?" Und schon hat sie eine neue Idee: „Harro, komm doch zu uns! Wir könnten fein miteinander spielen."

„Wie du dir das denkst", erwidert er lachend, „ihr wohnt womöglich am anderen Ende von München. Wie soll ich da hinkommen?"

„Marlies wohnt in der Kirschbaumallee 20. Ist das weit von dir?"

Es ist ein Weilchen still, denn Harro überlegt. „Sehr weit ist es nicht", meint er dann, „wenn ich rasch laufe, kann ich es in einer Viertelstunde schaffen. Ach was, ich darf ja gar nicht fort. Nein, das wird nichts, Hummelchen."

„Das ist aber schade!" Hummelchen ist enttäuscht, „versuche es doch mal. Ehe deine Eltern heimkommen, läufst du rasch zurück. Dann merken sie gar nicht, daß du fort warst."

Hummelchens Vorschlag hat etwas Verlockendes für ihn. Er weiß, daß es nicht recht ist, aber das kleine Abenteuer macht ihm Spaß. Ober er es doch mal versucht?

„Ich werde mir die Sache überlegen", meint er dann einlenkend, „vielleicht bin ich bald bei euch."

„Fein!" jubelt Hummelchen, „vergiß nicht: Kirschbaumallee 20!" Und sie legt den Hörer auf.

„Na, war das nicht großartig?" fragt sie Marlies:

Die kleine Freundin gibt das zu. Auf diese Idee wäre sie nie gekommen. Das ist wirklich ein lustiges Spiel.

„Jetzt rufen wir noch andere Leute an, denn es dauert noch ein Weilchen, bis Harro kommt", meint Hummelchen und sucht die nächste Nummer aus dem Telefonbuch, „hier ist ein ganz drolliger Name, Auguste Hinterbein!"

Hummelchen muß so lachen, daß es eine Weile dauert, bis sie die Nummer wählen kann.

Dann meldet sich eine Stimme: „Fritz Schulze", und dazu erklingt laute Jazzmusik.

„Wieso?" fragt Hummelchen verblüfft, „ist dort kein Hinterbein?"

„Doch, hier ist Pension Hinterbein."

„Warum heißen Sie dann Schulze und nicht Hinterbein?"

„Ich wohne bei Frau Hinterbein. Sie ist nicht da. Kann ich etwas ausrichten?"

„Nein", sagt Hummelchen, „ich unterhalte mich auch gern mit Ihnen, Herr Schulze."

„Wer ist denn dort? Wer bist du? Hast du eine falsche Nummer gewählt?"

„Nein, es war die richtige. Die Nummer von Frau Hinterbein. Der Name ist ulkig, nicht? Ich habe ganz toll gelacht und Marlies auch. Hat denn die Frau Hinterbein auch ein Vorderbein?"

„Hör mal zu, du wilde Hummel . . .", beginnt er, aber Hummelchen ruft dazwischen: „Sie kennen mich ja! Ich heiße Hummelchen. Woher wissen Sie denn das?"

Jetzt muß er auch lachen.

„Ich bin Student", sagt er, „ich studiere das Leben der kleinen Tiere, vor allem der Insekten. Da werde ich doch wohl sofort die Stimme einer Hummel erkennen, nicht wahr? Also, Hummelchen, nun sage mir mal, wie du hier in den Draht kommst. Hast du dich auf deinem Hummelflug verirrt?"

„Ach ja", sagt sie und zwinkert Marlies zu, die ihr Ohr mit an den Hörer preßt, „ich wollte spazierenfliegen, da hat mich der Draht gefangen, und nun fliege ich zu Ihnen."

„Was es nicht alles gibt!" sagt er und tut ganz verwundert, „ich habe aber gar keine Zeit für dich. Ich muß fleißig lernen, denn ich muß bald meine Prüfung machen. Mein Lehrer auf der Universität ist sehr streng, weißt du?"

Hummelchen kichert. „Wenn er so streng ist, werde ich ihm

erzählen, daß Sie Musik hören, wenn Sie lernen. Das darf man nämlich nicht."

„So?" fragt er gedehnt. „Das darf man nicht? Wer sagt denn das?"

„Meine Mutti und mein Vati. Sie sagen, wenn man beim Lernen Musik hört, kann man sich nicht konterieren."

„Konzentrieren", verbessert er lachend, „sieh mal an, das wußte ich ja gar nicht. Vielen Dank für den guten Rat, Hummelchen. Ich werde ihn sofort beherzigen." Es knackt und die Musik ist vorbei. „Bist du jetzt zufrieden? Wirst du mich auch nicht bei meinem Lehrer verpetzen?"

„Nein, das mache ich nicht. Sie dürfen aber das Radio auch nicht wieder anstellen, wenn ich fort bin."

„Bestimmt nicht, ich verspreche es dir! Ja, ich glaube, jetzt mußt du aber durch den Draht zurückfliegen, denn ich habe noch viel zu tun. Ich muß morgen früh einen langen Aufsatz abliefern. Du weißt ja sicher, wie das ist?"

Hummelchen seufzt: „Ja, das weiß ich. Dann auf Wiedersehen, Herr Schulze."

„Auf Wiederhören, kleine Hummel!" ruft er und legt auf.

Hummelchen ist begeistert von dem Spiel, und auch Marlies hat jetzt Gefallen daran gefunden. Hummelchens Finger tippt schon wieder auf einen Namen.

„Paul Sturm", lacht sie, „das klingt wie Brausewetter. Mal sehen, ob das auch so ein Brummbär ist", und sie dreht die Scheibe.

Es dauert ein Weilchen, bis sich jemand meldet, dann ruft es laut und hart: „Sturm!"

Hummelchen kichert vor Vergnügen: „Ich bin Frau Wind. Sind Sie sehr stürmisch, Herr Sturm?"

„Waaaas?" kommt es voller Zorn zurück. „Das ist ja nicht zu glauben! Wer ist denn dort?"

„Ich sagte ja schon, Frau Wind ist hier! Kennen Sie mich nicht? Ich kann auch blasen, aber nicht so toll wie Sie, weil ich noch klein bin . . ."

„Schluß!" ruft es wütend zurück. „Ich habe keine Lust, mir Unsinn anzuhören. Du hast mich von einer interessanten Sendung im Fernsehen weggeholt. Du hast das Telefon benutzt, um Unfug zu treiben und andere Leute zu stören. Das ist strafbar. Ich werde mich beschweren . . ."

„Aber ich wollte mich doch bloß ein bißchen mit Ihnen unterhalten", wirft Hummelchen verdutzt ein, „ich wollte Sie doch nicht stören . . ."

„Das hast du aber getan, und ich werde mir das nicht gefallen lassen. Sage mir deine Telefonnummer!"

„Sag' sie ihm nicht, Hummelchen", flüstert Marlies ängstlich, „sag' sie nicht! Der Mann ist so böse. Er wird es meinem Vati und meiner Mutti sagen."

Hummelchen sagt einfach: „Ich weiß die Nummer nicht. Ich sitze doch in Wolken, weil ich Frau Wind bin."

„Unsinn, du willst sie mir nicht sagen. Aber ich bekomme sie heraus. Ich brauche nur das Amt anzurufen. Dann komme ich zu dir und versohle dich. Verlaß dich drauf!" Und er legt wütend den Hörer auf.

Hummelchen sagt: „Der Mann war gar nicht nett. Er wollte keinen Spaß mitmachen. Er war so brummig wie Herr Brausewetter. Ob er so ist, weil er Sturm heißt?"

Marlies weiß es auch nicht, aber ihr macht das Spiel plötzlich keine Freude mehr.

„Glaubst du, daß er hierherkommt, Hummelchen?" fragt sie ängstlich, „ich habe solche Angst. Er wird uns bestimmt verhauen."

„Pah", macht Hummelchen, „ich glaub' nicht, daß er kommt. So schnell findet er uns nicht. Er hat ja auch keinen Schlüssel und kann nicht zur Tür herein. Und wenn er läutet, machen wir ihm nicht auf. Komm, wir rufen weiter an."

„Nein, ich will nicht mehr mitmachen", Marlies hält Hummelchens Hand fest, die nach dem Hörer greifen will, „er hat gesagt, daß man nicht fremde Leute anrufen darf. Komm, wir spielen etwas anderes. Vielleicht kommt auch Harro bald."

Hummelchen hatte den neuen Freund ganz vergessen. Sicher kommt er bald, und dann können sie zusammen spielen.

„Wir wollen sehen, was es im Fernsehen gibt", schlägt sie vor und Marlies geht ihr ins Wohnzimmer nach.

Aber auf dem Bildschirm erscheinen nur zwei Männer, ein alter und ein junger, die miteinander reden. Und das fand Herr Sturm interessant? Das verstehen die beiden kleinen Mädchen nicht, und Marlies drückt enttäuscht die Taste nieder.

Das Bild verschwindet. Die Taste klemmt ein wenig. Sie sollte schon lange repariert werden. Als die Kinder das Wohnzimmer verlassen haben, springt sie wieder nach oben. Der Bildschirm wird hell.

Hummelchen und Marlies aber sind inzwischen in die Küche gegangen. Sie kauern vor dem Kühlschrank und gucken, was es Gutes darin gibt.

„Ich esse die Gurke!" Hummelchen beißt herzhaft hinein und verzieht gleich darauf das Gesicht zu einer Grimasse. „Puh, ist die sauer, aber sie schmeckt fein. Was ißt du, Marlies?"

Marlies mag gern etwas Süßes, und so macht sie sich über den Rest der Cremetorte her. Dann ißt sie noch ein Stück Wurst und Hummelchen knabbert an einem Hühnerbein.

„Woher wissen wir, daß es Harro ist, wenn es läutet?" fragt Marlies. „Es kann doch auch Herr Sturm sein. Wir dürfen ihm nicht aufmachen. Ich habe solche Angst!"

Hummelchen kraust die Nase und überlegt. „Wenn es läutet, fragen wir durch die Tür, wer da ist. Ist es Harro, darf er herein. Herrn Sturm lassen wir einfach nicht ein."

„Wenn er aber die Stimme verstellt, so wie es der Wolf bei den sieben Geißlein gemacht hat? Was sollen wir dann tun?"

„Hab nur keine Angst", meint Hummelchen unbekümmert und nagt ihr Hühnerbein fein säuberlich ab, „wenn es soweit ist, fällt mir schon etwas ein. Mir ist immer etwas eingefallen."

Daran zweifelt Marlies nicht, denn die neue Freundin ist ein keckes und verwegenes Ding. Sie ist der richtige Babysitter für die kleine schüchterne und ängstliche Marlies.

Aber plötzlich geschieht etwas, was auch Hummelchen für ein Augenblick erschrecken läßt. Irgendwo im Haus poltert es, als fielen Stühle und Tische um. Eine Männerstimme ruft, und dann poltert es wieder.

„Oh, Hummelchen!" schreit Marlies und klammert sich am Arm ihres Babysitters fest, „Hummelchen, das ist Herr Sturm! Er ist gekommen, um uns zu verhauen!"

„Pscht, sei still!" flüstert Hummelchen, „daß er nicht merkt, wo wir sind. Ich horche mal an der Tür."

„Bleib doch hier!" jammert Marlies. „Ach, ich habe ja solche Angst!"

Aber Hummelchen steht schon an der Küchentür und hält das Ohr ans Schlüsselloch. Dann sieht sie hindurch, aber auf dem Gang ist nichts zu sehen. Von irgendwoher kommen Stimmen, kräftige Männerstimmen.

„Er hat sich noch jemand mitgebracht", klagt Marlies, „ach, wie werden die uns verhauen!"

Hummelchen sagt: „Sei still, Marlies. Ich gehe jetzt hinaus und werde ganz lieb zu ihm sein. Ich werde ihm sagen, daß wir nur Spaß gemacht haben. Wir wollten ihn doch nicht ärgern, nicht wahr?"

Marlies schüttelt den Kopf: „Nein, das wollten wir nicht. Ach, hätten wir doch nur nicht telefoniert."

Hummelchen öffnet leise die Küchentür und schaut hinaus. Die Diele ist leer. Die Stimmen und das Gepolter kommen aus dem Wohnzimmer.

„Gib dir nur keine Mühe", sagt die böse Männerstimme gerade, „ich werde dich schon kriegen. Ist es heute nicht, dann ist es morgen. Ich habe Zeit. Ich kann warten. Ich setze mich hierher. So, nun bist du mein Gefangener."

Hummelchen legt den Finger auf den Mund und winkt Marlies zu.

„Er hat sich hingesetzt", flüstert sie Marlies zu, „paß auf, was ich jetzt mache, aber sei ganz still."

Sie schleicht zur Wohnzimmertür. Der Schlüssel steckt außen im Schloß. Rasch dreht sie ihn herum.

„Jetzt habe ich Sie gefangen, Herr Sturm!" frohlockt Hummelchen, „jetzt habe ich Sie gefangen! Ich lasse Sie nicht mehr raus."

Die Stimme hinter der Tür lacht. Dann poltert es. Glas klirrt am Boden.

„Oh, das war Muttis neue Vase", klagt Marlies, „warum ist Herr Sturm nur so böse. Sag ihm doch, er soll nichts kaputtmachen. Wir wollen ihn auch nie mehr anrufen."

Hummelchen richtet es aus.

Die Stimme hinter der Tür sagt: „Du weißt, daß ich keinen Spaß mitmache. Du weißt, was ich dir tue, wenn ich dich kriege. Ich warte hier. Du weißt, daß ich Zeit habe."

„Ja", sagt Hummelchen, „ich weiß, darum lasse ich Sie ja auch nicht mehr raus. Sie dürfen uns ja gar nicht verhauen. Bald kommt mein Vati, und Marlies' Vati kommt auch. Die werden uns beschützen. Bääh."

Jetzt wird es sehr laut im Wohnzimmer. Es poltert und kracht, es knallt und tobt.

„Das sind ja viele Männer", jammert Marlies, „oh, Hummelchen, jetzt habe ich noch mehr Angst. Was sollen wir nur machen?"

„Raus können sie ja nicht", überlegt Hummelchen, „weißt du, ich glaube, das ist gar nicht Herr Sturm. Das sind Einbrecher, die stehlen wollen. Sicher haben sie schon die Schränke ausgeräumt."

Marlies macht große Augen. „Einbrecher? Du, wir müssen die Polizei anrufen. Komm mit, ich weiß, wie man das macht. Vati hat es mir gezeigt. Er hat gesagt, wenn ich mal in Not bin, soll ich die Polizei rufen. Sie wird die Einbrecher ins Gefängnis bringen."

Hummelchen ist begeistert. Dieses Abenteuer ist ganz nach ihrem Sinn. Sie schleicht hinter Marlies ins Arbeitszimmer. Leise hebt Marlies den Telefonhörer ab und wählt die Notrufnummer.

„Wir haben Einbrecher im Wohnzimmer", sagt sie leise, „kommen Sie ganz schnell. Wir haben solche Angst. Nein, ich bin mit Ursula allein. Ursula hat die Einbrecher im Wohnzimmer eingeschlossen, aber sie toben und schlagen alles kaputt. Kirschbaumallee 20."

„Sie kommen gleich", flüstert sie erleichtert Hummelchen zu, „ach, hätten wir nur Edith nicht fortgeschickt."

„Warum denn", meint Hummelchen, „es war doch prima

ohne Edith. Ich habe doch auch gut auf dich aufgepaßt, nicht wahr?"

Marlies nickt. Hummelchen war wirklich tapfer. So tapfer wäre die kleine Marlies nicht gewesen. Jetzt sitzen die beiden Mädchen im Arbeitszimmer und warten auf die Polizei.

Es dauert auch gar nicht lange, da kommen zwei Wagen mit heulenden Sirenen die Kirschbaumallee entlanggefahren. Fenster fliegen auf. Stimmen und Fragen werden laut.

„Was ist passiert? Wo brennt es? Was ist geschehen?"

Vor der Hausnummer 20 halten sie an. Die Polizisten springen heraus, jagen durch den Vorgarten und läuten an der Tür. Hummelchen und Marlies öffnen ihnen.

„Wo sind sie?" fragt der eine Polizist.

Hummelchen weist in die Diele zurück nach dem Wohnzimmer.

„Sie sind noch eingeschlossen", flüstert sie, „aber sie zanken. Sie wollen heraus."

„Öffnet die Tür!" schreit es im Wohnzimmer, „öffnet die Tür!" und dann kracht und poltert es.

Die Polizisten schließen die Tür auf. Sie halten ihre Waffe schußbereit.

„Kommen Sie heraus und halten Sie die Hände hoch", sagt der eine.

Aber niemand kommt heraus. Im Wohnzimmer ist es dunkel. Nur der helle Schein des Fernsehapparates leuchtet schwach. Auf dem Bildschirm sehen sie zwei Einbrecher, die mit erhobenen Händen dastehen. Zuerst lacht einer der Polizisten, dann lachen auch die anderen beiden.

Hummelchen und Marlies machen lange Gesichter.

„Ihr habt ja den Fernsehapparat laufen!" sagt ein Polizist, „es wird gerade ein Kriminalstück gegeben. Das habt ihr durch die Tür gehört."

„Aber ich hatte doch den Apparat abgestellt", sagt Marlies kleinlaut, „ich weiß es ganz bestimmt."

Der Polizist schaltet das Licht ein und geht auf den Apparat zu. Er drückt die Taste nieder.

„Da haben wir's", sagt er zu den anderen, „die Taste

klemmt. Sie ist wieder hochgesprungen, als die Kinder den Raum verlassen hatten. Daher . . ."

„Was ist denn hier los?" fragt es erstaunt von der Tür her. Hummelchen und Marlies drehen sich um. Da stehen die Eltern. Sie hatten die beiden Polizeiwagen an ihrem Auto vorbeifahren sehen und befürchteten das Schlimmste, als sie in die Kirschbaumallee einbogen.

„Es ist nichts passiert", erklärt ein Polizist und erzählt ihnen, was geschehen war, „aber wir kommen lieber einmal umsonst, als zu spät. Auf jeden Fall war das kleine Mädchen recht tapfer", und er sieht Hummelchen lächelnd an, „denn wenn es wirklich ernst gewesen wäre, hätte sie uns mit ihrem raschen Handeln einen großen Dienst erwiesen". Dann verabschieden sie sich und verlassen das Haus.

Marlies' Vater sieht sich um: „Wo ist denn Edith?"

„Hier bin ich", kommt es leise von der Tür her, „seien Sie nicht böse. Ich gehe nie wieder fort, wenn ich Babysitter bin."

„Ich habe Edith fortgeschickt", sagt Hummelchen, „sie war zum Geburtstagsfest eingeladen. Ich war der Babysitter. Ich hab's doch fein gemacht, Marlies, nicht wahr?"

Marlies nickt etwas nachdenklich. Anders als bei Edith war es jedenfalls, viel lustiger — aber auch aufregender.

Hummelchens Vater seufzt. „Da hat Marlies den richtigen Babysitter gehabt", sagt er und blickt die Mutter an.

Begegnung mit einem König

Von München aus fahren Paulsens weiter nach Süden. Sie wollen noch ein paar Tage in Schwangau verbringen. Als die ersten Berge des Allgäu vor ihnen aufsteigen, rutscht Hummelchen aufgeregt von einem Wagenfenster zum anderen.

„Oh, Mutti, Vati!" ruft sie atemlos, „die Berge sind ja viel höher, als die Berge bei uns! So hoch kann man ja gar nicht hinaufsteigen."

„O doch, Hummelchen", sagt der Vater, „Mutti und ich werden auf einen solchen Berg hinaufsteigen. Auf einen, der noch viel höher ist."

„Uih", staunt Hummelchen, „das ist ja toll! Kann man auch nicht herunterfallen?"

„Keine Angst, wir klettern ja nicht auf den Berg hinauf, sondern gehen auf richtigen Wegen."

Hummelchen vergißt zu fragen, wo sie denn bleiben soll, wenn die Mutter und der Vater auf den Berg steigen. Die Bergwelt, der sie immer näher kommen, überwältigt sie. Sie sitzt in der Ecke ihres Rücksitzes und schaut und staunt.

In Schwangau hat der Vater in einem der schmucken Häuschen ein Zimmer bestellt. Sie durchfahren Füssen und rollen auf breiter Straße dem kleinen Bergdorf entgegen. Die Berge türmen sich zur rechten Seite wie eine einzige, hohe Mauer. Hummelchen sieht beklommen bis zu ihren Spitzen hinauf, die sich rötlich und kahl bis an die Wolken zu recken scheinen.

Aber plötzlich ruft sie begeistert: „Oh, Vati, Mutti, ich sehe etwas ganz Schönes! Ein Märchenschloß, ein richtiges Schloß von einer Fee!"

„Das ist Schloß Neuschwanstein", erklärt die Mutter, „das Schloß König Ludwigs II. von Bayern. Wir werden es uns noch aus der Nähe ansehen."

Der Wagen biegt in eine Nebenstraße ein und bleibt bald vor ihrem Ferienziel stehen. Die Wirtsleute begrüßen sie freundlich. Ein Bub von zehn Jahren, struwwelig und barfuß, greift nach Hummelchens kleinem Koffer.

„Ich bin der Anderl", sagt er kurz und wehrt Hummelchens Hand ab, die nach dem Koffer greifen will, „geh, laß nur, den trag ich. Ich helf immer, wenn Sommergäst' kommen", und er trägt den Koffer ins Haus, und Hummelchen trottet mit ihrem Mohrle unter dem Arm hinter ihm her.

Das Zimmer ist groß und gemütlich. Von den beiden Fenstern aus sieht man die Berge und das Königsschloß.

Hummelchen möchte es am liebsten immerzu ansehen.

Der Anderl meint: „Dös seh ich alle Tag'. Ich kenn's in- und auswendig. Aber's ist schon schön. Dös ist wahr."

Sein Blick fällt im Hinausgehen auf das Mohrle. Hummelchen hat es auf einen Stuhl mit buntgeblümten Kissen gesetzt.

„Ja mei!“ ruft er erstaunt, „was ist denn dös! Ist dös dei' Puppen? Mar' und Josef, wie lang hast du die net g'waschen? Die ist ja schwarz wie ein Rabe. Man müßt' denken, es wär' ein Neger aus dem Urwald.“

„Das ist mein Mohrle“, erklärt Hummelchen, „er ist immer so schwarz, weil er eine schwarze Haut hat. Er ist aus Afrika. Gefällt dir das Mohrle nicht?“

Anderl schüttelt den Kopf: „Naa, das gefällt mir net. Wie der mich anschaut, so“, und er bläst die Backen auf und rollt mit den blauen Augen, daß Hummelchen hellauf lacht, „ich könnt mich fürchten vor dem“, und der Anderl trollt sich die Treppe hinunter.

*

In der holzgetäfelten Bauernstube der Wirtsleute sitzt Hummelchen mit den Eltern beim Mittagessen. Es ist ein kräftiges, herzhaftes Mahl, das ihnen gut schmeckt. Der Anderl läßt sich nicht mehr blicken.

Hummelchen fragt: „Mutti, geht der Anderl mit uns spazieren? Oder meinst du, daß er Angst vor meinem Mohrle hat?“

„Das Mohrle lassen wir daheim, Hummelchen“, sagt die Mutter, „es gibt jetzt so viel zu sehen für dich, daß du auf dein Mohrle gar nicht aufpassen kannst. Und der Anderl hat keine Zeit. Er muß seinem Vater bei der Heuernte helfen.“

Der Heuwagen kommt eben hochbeladen vor der Scheune an, als sie aus der Haustür treten. Der Anderl steht obenauf und wirft dem Vater die Heubündel herunter. Er nickt dem Hummelchen nur kurz zu und tut sich recht wichtig bei der Arbeit.

Die Mutter hat recht. Es gibt so viel für Hummelchen zu sehen, daß sie den Anderl und das Mohrle bald vergißt. Sie hüpft in ihrem blauweißgewürfelten Dirndlkleid mit dem roten Schürzchen voran, und das Röckchen schwingt, und auch die Augen gehen immerzu nach rechts und links. Da sind die sauberen Straßen mit den weißen Häusern, den braunen Holzbalkonen und den flachen, giebligen Dächern. Da plätschert das Wasser aus holzgeschnitzten Brunnen, von denen es viele im Ort gibt. Vor einem dieser Brunnen stehen Kühe und saufen, während ihre langen Schwänze nach den Fliegen schlagen. Da sind Läden und Stände mit bunten Ansichtspostkarten, Bildern, Andenken und Strohhüten.

Hummelchen ruft begeistert: „Vati, bitte kaufe mir einen Dirndlhut! Ich will doch ein richtiges Dirndl sein!"

Der Vater nickt und Hummelchen darf sich einen Hut aussuchen. Sie sucht sich den schönsten aus und drückt ihn auf ihre schwarz-braunen Locken.

Auch die Mutter bekommt einen breitkrempigen Strohhut, um sich gegen die Sonne zu schützen, die im Gebirge besonders scharf brennt.

„Oh, wie schick, Mutti!" ruft Hummelchen bewundernd. „Jetzt sind wir zwei richtige Dirndl. — Und nun kaufen wir noch eine Karte und schreiben einen Gruß an Oma und Mücke!"

„Das machst du", entscheidet der Vater und reicht ihr eine Ansichtskarte mit dem Königsschloß, „setz dich zum Schreiben dort drüben auf die Bank!"

Und während er und die Mutter sich die Auslagen betrachten, schreibt Hummelchen nach Hause:

> „Liebe Oma! Vati, Mutti und ich schicken Dir einen schönen Gruß. Auch Mücke schicken wir einen schönen Gruß und einen dicken Kuß. Dein Hummelchen."

Hummelchen darf die Karte selbst in den Kasten einwerfen. Dann bummeln sie weiter durch den Ort.

Am nächsten Tag macht Hummelchen mit den Eltern eine Dampferfahrt über den Forggensee. Unverwandt blickt sie zu den Bergen hinüber. Sie sind ihr größtes Erlebnis. Abends steht sie mit den Eltern unter hellen Bogenlampen vor dem Rathaus, und sie hören dem Konzert der Kapelle zu. Hummelchen trällert dazu und wiegt sich tanzend hin und her.

Sie besuchen auch einmal die kleine St. Colomanskirche und bewundern ihre prächtigen Malereien und herrlichen Schnitzereien. Andächtig faltet Hummelchen die Hände. Die kleine, wilde Hummel ist nicht wiederzuerkennen.

Draußen aber vor der Kirche nicken die Blumen im hohen Gras, zirpen die Grillen und streicht der Wind zart über die Halme, so daß es aussieht, als woge ein grünes Meer unter goldener Sonne. Mit Jauchzen stürzt sich Hummelchen in dieses grün-goldene Meer hinein und ihr Lachen und ihre jubelnde Stimme sind weithin zu hören.

*

Und eines Tages erfüllt sich auch ihr größter Wunsch.

„Heute steigen wir zum Königsschloß hinauf", verkündet der Vater, „kommst du mit, Hummelchen?"

„Aber Vati, so eine Frage!" meint sie kopfschüttelnd und springt ihm lachend in die Arme. „Oh, ich freu' mich ja so, daß ich mit euch gehen darf!"

Und sie tanzt und springt, daß der Anderl meint: „Die hupft wie eine tolle Geiß umeinand'. Geh, bist' narrisch, Ursel? Wenn du net aufhörst, wird der Gaul scheu."

„Heute geh ich zum Herrn König, Anderl", erklärt Hummelchen wichtig, „darum freu' ich mich so. Willst du nicht mitkommen? Du mußt aber deinen guten Anzug anziehen und auch Schuhe und Strümpfe dazu."

Aber der Anderl lacht nur :„Ich komm net mit. Ich kenn' dös schon." Und er trottet in den Stall.

Es ist ein sonniger, kühler Morgen, so recht geeignet für einen Bergaufstieg. Der Wiesengrund schimmert vom Tau, und über den Gipfeln der Berge liegt goldener Sonnenschein.

Der Vater weist in die Höhe. „Der kleine Berg da vorn ist der Tegelberg, Hummelchen. Wenn morgen früh das Wetter auch so schön ist wie heute, steige ich mit Mutter auf seine Spitze hinauf . . ."

„Und ich?" fragt Hummelchen schnell, „kann ich nicht mit hinaufsteigen?"

„Der Aufstieg dauert ein paar Stunden, Kind. Das ist zuviel für deine kleinen Beine. Du bleibst morgen einmal den ganzen Tag bei Anderl. Das machst du doch gern, nicht wahr?"

Sie nickt eifrig. Es macht ihr nichts aus, wenn der Anderl immer so grantig tut. Sie wird schon mit ihm einig werden.

Jetzt aber denkt sie nur an das Königsschloß. Es liegt weiß und geheimnisvoll inmitten der Bergschatten, denn die Sonnenstrahlen treffen es erst um die Mittagszeit. Als sie ihm näher entgegengehen, entschwindet es ihren Blicken hinter dichtem Wald und steilen Felsen.

„Wir steigen die Pöllatschlucht hinauf", sagt der Vater, „jetzt kannst du zeigen, wie tapfer du steigen kannst, Hummelchen."

Sie nickt und stapft ihnen voller Erwartung voran. Ob sie wohl den König sehen, ob er mit ihr sprechen wird?

Der Weg ist schmal und steinig. Er klemmt sich zwischen Felsen und haushohen Bäumen dahin. Es geht ständig bergan. Aber Hummelchens Beine steigen tapfer und ohne Ermüdung den Eltern voran. Immer ist der gurgelnde Pöllat zu ihrer linken Seite, immer fallend, immer über Steine, Stämme und Geröll springend.

Als der Weg endet und in einer schmalen Holzbrücke direkt am Felsen entlangführt, greift der Vater besorgt nach Hummelchens Hand.

„Ich habe keine Angst, Vati", sagt sie und ihre Augen huschen über die feste Holzbrücke, unter der der Pöllat dahinbraust, „ich gehe ganz langsam. Paß nur gut auf Mutti auf, daß sie nicht abrutscht."

Ihre Finger gleiten am Geländer entlang und so setzt sie vorsichtig einen Fuß vor den anderen. Der Vater behält jeden ihrer Schritte im Auge, aber er kann beruhigt sein. Am Ende der Brücke springt Hummelchen wieder auf festen Boden und lacht die Eltern stolz an. Ein Stück weiter oben fällt der Pöllat stufenweise über Steinplatten. Dort ist auch eine kleine, ebene Felsplatte. Der Vater stellt Hummelchen auf einen Stein, direkt vor den plätschernden Wasserfall, und fotografiert das kleine Dirndl.

Auf einer Bank ruhen sie sich aus, dann geht es weiter nach

oben. Durch einen Spalt in den Felsen haben sie plötzlich einen freien Ausblick auf den oberen Pöllat. Schmal und silbern ergießt er sich zischend die Felswand hinunter und sammelt sich brodelnd in einem Kessel, um von dort aus seinen Weg nach unten bis in den Wiesengrund anzutreten. Hummelchen staunt. Aber das Schönste steht ihr noch bevor.

„Dreh dich einmal um", sagt die Mutter.

Hummelchen stößt vor Überraschung einen Jauchzer aus. Da liegt vor ihnen — strahlend weiß und ganz nah — das Königsschloß!

„Das Schloß!" jubelt Hummelchen. „Oh, Mutti, Vati, das schöne Schloß, ein richtiges Märchenschloß! Nein, viel schöner als ein Märchenschloß! Wie aus einem Traum ist es, wie aus einem Traum! — Vati, wir wollen schnell hinaufsteigen. Ich will es ganz nah sehen!"

Der letzte Aufstieg aus der Pöllatschlucht ist steil. Aber dann stehen sie oben auf dem Bergrücken, und vor dem Königsschloß. Sie durchschreiten den runden Torbogen, der zum Schloßhof führt. Touristen aller Herren Länder fotografieren. Es ist ein unaufhörliches Kommen und Gehen, Rufen, Sprechen und Staunen.

„Wir wollen uns gleich einer Führung anschließen, Biene", sagt der Vater, „von außen können wir es uns nachher ansehen."

Hummelchen kann es kaum erwarten, hineinzukommen. Mit einer Schar Touristen werden sie durch die Eingangstür geschoben.

Der Vater hört noch, wie einer der Schloßführer zum anderen sagt: „Wir müssen nach dieser Führung unterbrechen. Die Filmgesellschaft muß heute im Thronsaal noch eine Szene drehen."

„Da haben wir Glück gehabt, Biene", meint der Vater, „unsere Führung wird vielleicht die letzte für heute sein. Du hattest ja gelesen, daß ein Film von König Ludwig gedreht wird, nicht wahr?"

Die Mutter nickt: „Ja. Den Film werden wir uns bestimmt ansehen, wenn er fertig ist."

Hummelchen hört davon nichts. Sie hat sich durch die Menschen bis zum Schloßführer durchgearbeitet, steht nun neben ihm und hört seinen Erklärungen andächtig zu.

„Hier ist die Jugendbüste König Ludwigs", sagt er.

„Oh, wie schön ist der König!" ruft Hummelchen begeistert. „Er sieht aus wie ein richtiger Märchenprinz. Wo ist er denn? Ich wollte ihm doch guten Tag sagen. Ist er spazierengegangen oder schläft er noch?"

Der Schloßführer sieht Hummelchen mit einem traurigen Blick an.

„Mein kleines Mädchen", sagt er, „der König lebt schon lange nicht mehr. Er hat das Schloß vor vielen Jahren bauen lassen. Dann ist er gestorben."

Hummelchens Augen weiten sich vor Schreck. „Er ist tot?" fragt sie leise. „Oh, der arme König!" Und sie blickt traurig über die kostbaren alten Möbel, über die seidenen Vorhänge seines Bettes, über die schönen Gemälde an den Wänden. „Er wäre sicher gern in seinem Schloß geblieben."

„Das glaube ich auch", nickt der Schloßführer, „aber damit wir nicht traurig sein sollen, hat er uns sein Schloß hinterlassen, um uns zu erfreuen. Nun komm mit, wir wollen uns noch die anderen Räume ansehen." Und er geht weiter, und die Touristen folgen ihm.

Die Mutter faßt nach Hummelchens Hand.

„Der Schloßführer hat recht, Hummelchen. Der König wollte uns mit seinem Schloß eine Freude machen. Komm, sei nicht traurig. Schau, jetzt kommen wir in eine kleine Grotte. Die hat sich der König bauen lassen. Er war wirklich ein richtiger Märchenkönig. Ist es nicht schön hier?"

Hummelchen nickt. Sie will es nicht glauben, daß der König dieses herrlichen Schlosses nicht mehr leben soll. Ein Märchenkönig muß doch immer leben! Sie beschließt, ihn zu suchen. Irgendwo wird sie ihn schon finden. Sie macht sich von der Hand der Mutter los.

„Hummelchen, wo willst du hin?" ruft sie. „Geh wieder nach vorn zum anderen Führer. Wenn du eher draußen bist als wir, dann warte im Schloßhof. Vati will noch Aufnahmen von uns machen."

„Ja, Mutti", nickt Hummelchen und drückt sich durch die Menschenmenge. Sie hört kaum noch darauf, was der Schloßführer erzählt, sondern läßt sich mit den anderen weiterschieben und schaut und staunt und denkt an den König, der sicher irgendwo in seinem Schloß sitzt und auf die Berge blickt.

Ein Mann hebt sie hoch, als sie auf dem Söller stehen. Sie sieht hinunter auf den blaugrünen Alpsee und den kleineren Schwansee, die in den Bergen eingebettet liegen. Dann gehen sie durch den Thronsaal.

‚Wenn der König im Schloß ist, muß er in den Thronsaal kommen', denkt Hummelchen, ‚ein König muß sich auf den Thron setzen, wenn er regiert.'

Und während die Leute sich aus dem Saal verlaufen, bleibt Hummelchen hinter einer Säule zurück. Die Tür wird geschlossen. Hummelchen ist im Thronsaal allein.

„Er hat ja gar keinen Thron", flüsterte sie, „vielleicht kommen die Diener und bringen ihn noch."

Es ist still. Da weiter keine Führung stattfindet, sind die Stimmen der Schloßführer und die vorsichtigen Schritte der Touristen nicht mehr zu hören. Das kleine Mädchen atmet beklommen. Ob er doch nicht mehr kommt? Da hört sie leise Schritte. Sie kommen den Söller entlang und bleiben stehen. Hummelchen lugt hinter der Säule hervor. Ihr Herz hämmert in freudigem Erschrecken.

Er ist doch gekommen! Da steht er am Fenster und blickt auf den Alpsee hinunter. Sein Blick ist voller Trauer und Einsamkeit. Dann wendet er sich mit einem Seufzer ab und schreitet langsam in den Thronsaal hinein. Dunkel ist sein lockiges Haar und dunkel das Bärtchen über der Oberlippe. Er sieht älter aus, als ihn die Büste zeigt, aber er ist es. Hummelchen drückt sich hinter die Säule und wagt kaum zu atmen. ‚Er ist groß und stark', denkt sie, ‚er ist wirklich ein richtiger Märchenkönig. Aber warum ist er nur so traurig? Ist es, weil er keinen Thron hat?'

Der König hat sich auf die Stufen der Treppe gesetzt, die zu dem Platz hinaufführt, wo sein Thron stehen müßte. Er stützt den Kopf sorgenvoll in die Hände, und ein tiefer Seufzer geht durch den Saal. Hummelchens Herz ist voller Mitleid.

Leise kommt sie hinter ihrer Säule hervor und setzt sich neben ihn. Er bemerkt sie nicht.

„Seien Sie nicht mehr traurig, Herr König", bittet sie, „ich möchte Ihnen so gern helfen. Glauben Sie nicht, daß ich das kann?"

Er hebt den Kopf und sieht das kleine Mädchen verwundert an. „Ja, wo kommst du denn her?" fragt er mit einem kleinen Lächeln.

„Ich habe mir Ihr schönes Schloß angesehen. Der Schloßführer hat gesagt, Sie wären tot. Aber ich habe es nicht geglaubt. Als die anderen gegangen waren, habe ich hier auf Sie gewartet. Ich habe gewußt, daß Sie in den Thronsaal kommen. Warum haben Sie keinen Thron, Herr König?"

„Ich muß mir erst einen kaufen", erklärt er, „er kostet viel Geld."

Hummelchen lächelt ungläubig. „Oh, Sie sind doch so reich!"

ruft sie aus, „Sie haben Gold und Silber und so schöne Bilder und Möbel. Da können Sie sich doch auch einen Thron kaufen."

„Ich habe viele Sorgen", sagt er, „auch ein König kann nicht immer froh sein."

„Oh, das tut mir leid!" Hummelchen schlingt ihre Arme um seine Schultern. „Ich werde Ihnen helfen. Wir haben im Eichenhaus noch einen geschnitzten Stuhl vom Onkel Lachmund. Wenn man darauf seidene Tücher legt, sieht er aus wie ein Thronsessel. Dann brauchen Sie nicht mehr traurig zu sein und auf der Treppe zu sitzen."

„Du bist ein liebes, kleines Mädchen", sagt er mit einem Blick in ihre braunen Augen, „ich freue mich, daß ich dich getroffen habe. Siehst du, ich habe ein großes Schloß, das ganze Land darum mit den Bergen und Wäldern gehört mir. Aber ich bin immer allein. Ich habe keinen Freund. Ich habe niemand, der zu mir gehört, der mich tröstet, wenn ich traurig bin. Allen Kummer muß ich allein tragen . . ."

„Nein, nein", Hummelchen drückt ihren Kopf an die Schulter des großen, starken Königs, „ich bleibe jetzt immer bei Ihnen. Ich will Sie fröhlich machen und mit Ihnen lachen. Nie mehr sollen Sie traurig sein, nie mehr! Und wenn ich größer bin, heirate ich Sie!"

Da packt er das kleine Mädchen und hebt es hoch über sich. Er bricht in ein herzhaftes Lachen aus, das den ganzen funkelnden Thronsaal mit fröhlichem Leben erfüllt.

„Dirndelchen, ich nehme dich beim Wort, wenn ich dann nicht zu alt für dich bin. Wahrhaftig, du könntest mich froh machen, wenn ich traurig und einsam wäre . . ."

Laute Stimmen und Schritte kommen vom Söller her. Apparate und Filmkameras werden in den Thronsaal geschoben. Eine Schar Männer sieht überrascht auf die ungewöhnliche Szene.

„Ich dachte, du wolltest dich in deine Rolle hineinleben", sagt der eine vorwurfsvoll, „derweil treibst du hier Allotria!"

„Ich hatte gerade das schönste Erlebnis seit langem", erwidert der „traurige König" und stellt Hummelchen behutsam auf das Parkett nieder, „selten habe ich so liebe Worte aus ehrlichem Herzen gehört. Dirndelchen, du sollst ein Andenken von mir haben. Werner, mache eine Aufnahme von ihr und mir!" Und zu Hummelchen gewandt sagt er: „Das Bild schicke ich dir zu, wenn es entwickelt ist. Freust du dich darüber?"

„O ja!" Hummelchen nickt mit leuchtenden Augen. „Ich werde immer an Sie denken, Herr König. Wollen Sie mir auch versprechen, nicht mehr traurig zu sein?"

„Dirndelchen, wir drehen einen Film. Darin muß ich traurig sein. Aber wenn ich nicht mehr König bin, dann kann ich auch lachen und fröhlich sein. Wenn der Film fertig ist, wirst du ihn dir ansehen, nicht wahr?"

Die große Filmkamera schnurrt und hält das hübsche Bild des kleinen Mädchens und des großen Königs fest. Hummelchen muß ihre Anschrift sagen, damit das Bild auch richtig bei ihr in Thalburg ankommt.

Der herbeigerufene Schloßführer bringt Hummelchen nach unten zum Schloßeingang.

Die Eltern haben sie überall gesucht und kommen nun eilig durch den Schloßhof gelaufen.

„Wo hast du nur gesteckt, Hummelchen!" ruft die Mutter vorwurfswoll.

„Oh, Mutti, Vati, ich habe mit dem König gesprochen"; ihre Augen leuchten, als sie ihr großes Erlebnis mit ihm erzählt.

Sie hat längst vergessen, daß sie mit einem berühmten Filmschauspieler sprach, der das Leben des toten Königs Ludwig im Film verkörpern wird. Für sie ist er der lebendige König gewesen, der schöne Märchenkönig, dem ein herrliches Schloß gehört. Ihr kleines Herz ist erfüllt von diesem Erlebnis, das sie nie vergessen wird.

Das Echo auf der Alm

Kühl und sonnig ist auch der nächste Morgen. Der Vater und die Mutter ziehen ihre festen Bergschuhe an. Der Vater huckt sich den Rucksack auf, der den Proviant des ganzen

Tages birgt. Sie verabschieden sich beide von Hummelchen, um ihre Bergtour anzutreten.

„Sei schön brav, Hummelchen. Ehe es dunkel wird, sind wir wieder da", sagt die Mutter.

Hummelchen nickt. Der Anderl grinst.

Der Hauswirt meint: „Ich fahre mit dem Anderl auf die Alm 'nauf. Da nehm' ich's Dirndl mit. Sie kann mit dem Anderl die Nacht heroben bleiben. Der Senn wird auf sie achtgeben."

Hummelchen jubelt auf. Die Eltern haben ihr von der Alm erzählt und von den Kühen, die oben auf den Bergwiesen grasen. Nun darf sie selber zur Alm hinauffahren. Die Eltern gehen die Dorfstraße entlang und Hummelchen winkt ihnen nach, so lange sie sie sehen kann. Dann steigt sie mit dem Anderl in das Auto des Hauswirts. Das Mohrle hat sie unter dem Schürzchen versteckt, weil sie weiß, daß der Anderl es nicht leiden mag.

Sie fahren durch das Dorf und dann die Auffahrtsstraße zum Schloß hinauf. Einige Touristen, denen der steinige Weg durch die Pöllatschlucht zu beschwerlich ist, sind schon zum Schloß unterwegs und steigen den bequemeren Fahrweg bergan.

Hummelchen blickt zu dem weißen Schloß hinüber und sagt ganz leise: „Guten Morgen, Herr König!" Dann fahren sie vorbei, immer höher hinauf. Die Berge, mit ihren bewaldeten Hängen, rücken näher zusammen. Ein rauschender Gebirgsbach stürzt jetzt zu ihrer rechten Seite über Felsbrocken und durch Schluchten. Hummelchen ist still geworden und schaut und staunt. Der Wagen windet sich höher, fährt dann auf einer Hochebene am ehemaligen Jagdhaus König Ludwigs vorüber und nimmt seinen Weg wieder auf ansteigender Straße durch die Berge. Aber dann wird der Ausblick wieder frei. Tiefgrüne, saftige Wiesenhänge liegen vor ihnen, und dort oben steht die Holzhütte des Senn. Auf den Weiden grasen die Kühe. Weithin schallt das frohe, helle Läuten der Glocken, die sie um den Hals tragen.

Der Wagen hält vor der Hütte. Hummelchen denkt nicht mehr an Mohrle und springt erwartungsvoll hinaus. Das Puppenkind fällt ihr vor die Füße und liegt auf steinigem Weg.

„Ja mei, hast du den auch mit?" ruft der Anderl. „Die Kühe kriegen ja Angst, wenn sie den sehen, den grauseligen Depp, den!"

Hummelchen hat das Mohrle schon aufgehoben. Sie drückt es an sich und fragt zärtlich: „Hast du dir weh getan, Mohrle? Ich war dran schuld. Ich hab' nicht achtgegeben. Aber es wird schon wieder gut, glaub mir."

„Ach geh", macht der Anderl verächtlich und rümpft die Nase, „der Depp merkt ja nichts. Er ist ja bloß aus lauter Pappe."

„Er ist nicht aus Pappe", entrüstet sich Hummelchen, „er ist aus Kunststoff! Der Mohrle merkt es wohl, wenn er sich weh tut. Du merkst es ja auch . . ."

„Ich bin auch a Mensch", erwidert der Anderl, „aber der da . . ."

Da ruft es von der Hütte: „Heut' bekomm' ich ja großen Besuch! Komm her, Dirndl, laß dir guten Morgen sagen."

Hummelchen springt dem Senn entgegen. Er ist noch nicht so alt, wie sie sich einen Senn vorgestellt hat. Er hat eine Pfeife im Mundwinkel und ein zerdrücktes, grünes Hütchen auf dem Kopf. Seine kräftigen Beine stecken in krachledernen Hosen. Die Ärmel des buntkarierten Hemdes hat er aufgekrempelt. Hummelchen mag ihn sofort gern.

„Guten Morgen, Herr Senn", sagt sie und gibt ihm die Hand.

Er lacht behäbig: „Ich bin der Franzl. So sagst zu mir und net anders! Und wer bist du?"

„Ich heiße Ursula und das ist mein Mohrle. Er wollte auch mal sehen, wie es auf der Alm aussieht."

„Als wenn der was sehen könnt' ", spottet der Anderl, „Urschel, Urschel, du bist scho a komisch Ding!"

„Und du bist a dummer Bub!" sagt der Senn. „Komm, Dirndl, wir wollen uns umschau'n. Ich denk', daß dir's hier oben gefallen tut."

Die Sennhütte ist nicht groß, aber gemütlich. Sie hat derbe Holzmöbel, die so aussehen, als habe sie der Senn selbst gezimmert. An der Hinterwand geht eine Leiter nach oben auf den niederen Dachboden. Im kleinen Anbau der Hütte stehen die Milchkannen und der Kübel, in dem der Senn die Butter für den Hauswirt macht. Auch Käse macht der Senn selber.

Anderls Vater lädt Milch, Butter und Käse in seinen Wagen und fährt dann wieder zum Dorf hinunter. Der Senn hat auch einige Ziegen oben, die munter in einem abgegrenzten Weidestück umherspringen.

Rollo, der Wachhund, kommt neugierig um die Ecke und beschnuppert Hummelchen und Mohrle. Dann wedelt er fröhlich mit dem Schwanz. Es soll heißen, daß er mit dem Besuch zufrieden ist. In einer Ecke der Milchkammer raschelt und krabbelt es.

„Uuh, dös sind Mäus'." Der Anderl macht ein Gesicht, als wolle er davonlaufen.

Hummelchen weiß für einen Augenblick nicht, was sie tun soll, aber dann siegt ihre Neugier. Sie geht vorsichtig in die Ecke und späht in das Halbdunkel hinein. Aus einem dicken Strohlager schauen ihr ein paar leuchtende, grüne Augen entgegen. Schwarzes Fell glänzt wie Seide.

Nun lacht der Anderl.

„Dös ist Mutz, die Katz' vom Franzl. Geh net so nah ran. Sie kratzt, weil sie denkt, du willst ihr die Jungen wegnehmen."

Jetzt sieht Hummelchen auch die krabbelnden Kleinen im Stroh. Sechs Stück sind es, und alle sind sie schwarz und haben grüne Augen.

„Oh, wie süß!" Hummelchens Hand streichelt schon über die seidigen Fellchen. „Wie lieb sind deine Kinderchen, Mutz."

Die Katze spitzt die Ohren und sieht Hummelchen aufmerksam an. Nein, das kleine Mädchen wird ihr keines von ihren Kindern wegnehmen. Und sie kuschelt sich ins Stroh und schnurrt. Hummelchen möchte am liebsten bei den Kätzchen in der Kammer bleiben, aber der Anderl drängt:

„Komm raus, die Katzen laufen dir net davon. Junge Katzen kannst du auch im Dorf seh'n, aber keine Alm. Auf, eil di'."

Rollo steht plötzlich auch in der Tür und knurrt. Hummelchen streicht noch einmal über die weichen Körperchen, dann springt sie zur Tür.

Strahlende Sonne liegt über den Bergen und den weiten Almen. Die Kuhglocken schwingen wie Musik in der Luft. Die Ziegen springen und meckern, und der Senn steht in der Tür seiner Hütte und raucht behaglich seine Pfeife. Es ist so recht die Stimmung, um seine Freude hinauszujodeln. Das tut der Franzl. Er nimmt die Pfeife aus dem Mund und schickt seinen schönsten Jodler in die blaue Luft.

„Dudeljööh, dudeljööh, dijo dijooh . . ." und genauso kommt es von den Felsen zurück.

„Wer war denn das?" fragt Hummelchen erstaunt.

„Dös ist das Echo", erklärt der Anderl, „wenn man gegen die Berge ruft, kommt der Schall zurück, weil die Stimme net über die Berge springen kann. Verstehst' dös? Und wenn die eigene Stimm' zurückkommt, nennt man dös a Echo."

Hummelchen nickt. Das leuchtet ihr ein. Wie könnte schon so eine kleine Menschenstimme über die großen Berge springen? Also muß sie wieder zurückkommen, wenn sie nicht vorher in eine Schlucht hinunterfällt.

„Ruf auch mal was", fordert der Anderl auf, „du wirst sehen, daß deine Stimme auch wiederkommt."

Hummelchen strengt sich an und ruft so laut sie kann: „Ich freu mich so!!"

„ . . . i freu mi so", kommt es leise, aber ganz deutlich zurück.

Das ist ein Spaß. Immer wieder möchte Hummelchen ihr Echo hören, bis es dem Anderl zuviel wird.

„Geh, hör auf damit. Jetzt wirst' narrisch. Der Rollo klemmt auch schon den Schwanz zwischen die Beine. Dös tut er immer, wenn er Kopfweh kriegt."

Da muß Hummelchen lachen.

Zu Mittag backt der Senn einen richtigen „Schmarrn" aus Eiern, Milch und Mehl. Er ist duftig locker und schmeckt lecker. Hummelchen ißt sich so satt, daß sie kaum noch Atem holen kann.

„Jetzt kraxeln wir in die Berge, damit dein Schmarrn rutscht", schlägt der Anderl vor, „den Rollo nehmen wir mit. Ich kenne eine Höhle, die werd' ich dir zeigen."

So machen sie sich auf. Der Weg ist nicht gefährlich, aber der Anderl kann mit seinen kräftigen Bubenbeinen tüchtiger klettern als Hummelchen. Doch sie läßt sich nichts merken und kraxelt tapfer hinter ihm her. Der Rollo schafft das natürlich auf seinen vier Beinen am leichtesten.

Die Höhle liegt an einem kleinen Seitenweg und ist ganz mit Buschwerk zugewachsen. Der Anderl hat sie einmal durch Zufall entdeckt. Er zwängt sich durch das Gesträuch und zieht Hummelchen hinter sich her. Rollo kriecht am Boden durch das Dickicht. Die Höhle ist nicht groß. Es ist schattig und kühl darin. Für eine Schar Jungen wäre sie ein prächtiges Versteck für allerlei wilde Spiele. Doch der Anderl will den Buben aus dem Dorf vorläufig noch nichts von seiner Entdeckung sagen.

„Du darfst niemand was von der Höhle erzählen, Urschel", droht er, „dös ist meine Höhle und i sag den Spezies nur was davon, wann i will, hast' verstanden?"

„Du kannst dich auf mich verlassen, Anderl", verspricht Hummelchen feierlich, „keinem Menschen sag ich etwas. Willst du mein Ehrenwort?"

„Ich glaub's schon so", knurrt er, „Madln halten doch meist auch kein Ehrenwort nicht. Die müssen immer tratschen. Jetzt gehn wir wieder 'naus. Aber wart', erst müssen wir schaun, ob keiner draußen ist, sonst kommt's gleich raus, wo meine Höhle ist."

Rollo wedelt mit dem Schwanz und duckt sich zu Boden. Der Anderl lugt nach draußen, aber es kommt niemand. So kriecht er voran. Hummelchen schleicht ihm nach.

Ringsum recken sich die Berge in die Höhe, und dahinter ragen die kahlen Felsen empor. Dazwischen aber liegen die Almwiesen in der strahlenden Sonne.

„Kommt hier auch ein Echo, wenn man ruft?" fragt Hummelchen den Anderl, „oder hört man das nur von der Sennhütte?"

„Hier ist auch ein Echo und was für eins!" meint der Anderl, „so eins gibts nirgends in den ganzen Bergen. Hör zu", und er jodelt mit seiner kräftigen Jungenstimme: „Holldrioooh,

holldrioooh, duiloooh, duiloooh!" Man vermeint fast den Jodler gegen die Felswände eilen zu sehen.

Und da kommt er auch schon zurück: „Holldrioooh, holldrioooh, duiloooh, duiloooh!"

Der Anderl guckt recht verdutzt drein.

„Ja mei, was ist denn dös? Dös ist doch net meine Stimme? Wo ist denn mein Jodler geblieben?"

Hummelchen hat darin noch keine Erfahrung. Sie meint: „Vielleicht ist es dein Jodler, aber du erkennst ihn nicht wieder, Anderl?"

„Ich werd' doch meine Stimm' kennen", der Anderl ist aufgeregt, „noch nie ist's so zurückgekommen", und er jodelt noch einmal, aber wieder kommt eine laute, kräftige Männerstimme zurück.

„Dös ist ein anderer, aber ich seh niemand", der Anderl lugt rundum, aber kein Mensch ist zu sehen. „Trotzdem", meint er dann und kratzt sich verlegen hinter dem Ohr, „wenn's auch ein anderer ist, wo ist mein Jodler hingekommen?"

„Anderl, der ist bestimmt über den Berg gesprungen!" ruft nun Hummelchen, „ganz sicher ist er das. Und von drüben hinter dem Berg hat auch jemand gejodelt und die Stimme ist zu uns 'rübergesprungen. Glaubst du das nicht?"

Der Anderl glaubt das zwar nicht, aber er nickt.

„Jetzt jodle du mal, Urschel", sagt er, „wir wollen doch mal sehen, ob dein Jodler auch über den Berg springen kann."

Hummelchen holt tief Luft und dann ruft sie gegen die Berge: „Hollihoooh, hollihoooh! Tralalaaaa! Tralalaaa!"

„Hollihooh, hollihooh, tralalaa, tralalaaa!" kommt die kräftige Männerstimme zurück.

Dann ist es still.

„Mich legt's hin!" Der Anderl stemmt die Hände in die Seiten. „Da narrt uns einer. So ein Bazi, so ein lumpiger! Wenn ich den erwischen könnt'!"

„Mein Jodler ist auch über den Berg gesprungen", ruft Hummelchen und lacht, „ach, ist das spaßig!"

„Na, so spaßig ist dös net. Den such' ich jetzt, den Bazi, den! Komm, Rollo, such ihn."

Der Hund guckt den Anderl fragend an. Wen soll er denn suchen? Jemand, der Echos stiehlt? Den kann man doch nicht riechen. Aber der Hund trottet gehorsam den Kindern voran und sucht eifrig mit der Schnauze den Weg entlang. Er läuft kreuz und quer und der Anderl springt ihm hinter drein.

Plötzlich bleibt Rollo an einem dichten Busch stehen und bellt.

„Na, siehst du, da haben wir ihn", frohlockt der Anderl und bückt sich nach unten, aber sein Gesicht wird recht lang, als er seinen Fund betrachtet. Hummelchen ist neben ihn getreten.

„Ein Lämmchen!" ruft sie, „ein kleines, süßes Lämmchen! Oh, Anderl wie kommt es hierher?"

„Dös hat sich verlaufen", meint er, „es ist von der großen Herde abgekommen " Und er hebt es auf und nimmt es in die Arme.

Sie vergessen beide das Echo und machen sich auf den Heimweg, denn das Lämmchen schreit kläglich.

„Es hat Hunger", sagt der Anderl, „es muß schnell seine Milch bekommen."

Der Senn hat eine Milchflasche mit einem Sauger daran. Das Lämmchen trinkt gierig, und als es satt ist, läßt es sich ins Heu legen.

„Wirst du es behalten, Franzl?" fragt Hummelchen. „Es wird ihm bestimmt bei dir gut gefallen. Es kann auf der Wiese umherspringen und mit Mutz und ihren Kindern spielen. Und Milch hast du auch genug für das kleine Lämmchen."

Der Senn lächelt. „Das Lämmchen hat auch eine Mutter, Ursel. Was meinst du, wie die jetzt schon nach ihm sucht, wie sie jammert und ruft. Ich muß ihr das Lämmchen zurückgeben."

„Aber du weißt doch nicht, wo die Mutter ist. Vielleicht ist sie schon ganz weit fortgezogen", meint Hummelchen.

„Ich kann mir schon denken, wo das Lämmchen hingehört", sagt der Senn, „es wird zu Loisls Herde gehören. Der kommt morgen früh vorbeigezogen. Da geb' ich's ihm mit. Heute behalten wir's noch und ihr könnt eure Freude an ihm haben."

Hummelchen streicht sanft über das lockige, hellgraue Fell des schlafenden Tierchens. Es ist so niedlich wie ein Lämmchen aus dem Spielwarengeschäft.

Am Abend schneidet der Senn das kräftige Bauernbrot auf. Dazu gibt es Butter und Käse und ein großes Glas frischer Milch. Dann setzt er sich mit dem Anderl und Hummelchen auf die Bank vor der Hütte. Sie sehen die Nacht über den Bergen heraufsteigen und beobachten, wie ein Stern nach dem anderen aufleuchtet. Es ist eine warme, windstille Nacht. Die Kühe liegen im duftenden Gras. Ihr lustiges Glockengeläute ist verstummt. Ganz still ist es. Da erzählt der Senn lustige Geschichten von der Alm. Und dann hört man Hummelchens helles Lachen wie ein fröhliches Glöckchen in der Bergstille.

„Nun aber ins Heu", sagt der Franzl, „'s ist Schlafenszeit. So kleine Kinder wie ihr müßtet längst im Bett liegen", und er leuchtet ihnen mit der Laterne die Leiter hinauf.

Hummelchen kuschelt sich in das knisternde Heu. Es ist weich und mollig und duftet wie eine ganze Almwiese zur Sommerszeit.

„So ein schönes Bett habe ich noch nie gehabt", sagt sie gähnend, „ach, bin ich müde! Schläfst du schon, Anderl?"

„Na", kommt es von der anderen Seite.

„Dann gute Nacht, Anderl!" Und Hummelchen gähnt wieder.

„Gute Nacht, Urschel", knurrt er. Dann ist es still auf dem Dachboden.

Am Morgen fallen die Sonnenstrahlen durch die kleine Dachluke. Hummelchen sieht ein helles Flimmern vor den geschlossenen Lidern und öffnet rasch die Augen. Sie hört Stimmen von unten und steigt hastig die Leiter hinunter.

„Guten Morgen, Dirndl!" ruft der Senn lachend, „mir scheint's doch, du hast gut geschlafen, weil dich die Sonne wecken muß."

„Hab ich's verschlafen?" fragt Hummelchen erschrocken.

„Hier verschläft man nichts", meint der Senn, „du hast Ferien und daher viel Zeit. Geh' an den Brunnen und wasch' dir die Augen blank."

Hummelchen hüpft hinaus, taucht die Hände in den Holztrog, dem ununterbrochen frisches Quellwasser zuläuft, und reibt sich das Gesicht. Das kalte Wasser kribbelt und brennt, aber sie sieht nach dem Waschen noch einmal so hell aus den Augen. Der Anderl sitzt schon beim Frühstück. Hummelchen setzt sich neben ihn und langt tüchtig zu. Da kommt ein dumpfes Trappeln die Alm herauf. Es klingt wie ein fernes Donnergrollen. Erschrocken springt sie auf.

„Das ist der Loisl mit seiner Herde", erklärt der Senn und pafft blauen Rauch in die klare Luft.

Die Herde kommt näher. Eifrig umspringen die Hunde die blökenden Schafe, und mittendrin geht der Loisl wie ein König.

„Grüß di!" sagt der Senn, als der Loisl vor ihm steht. „Der Anderl hat gestern ein Lamm gefunden. Willst' es anschaun?"

Der Anderl hat es schon von seinem Strohbett gehoben und auf die wackligen Beine gestellt.

„Määh, määh!" macht es und guckt sehnsüchtig in die Herde.

Da tritt ein großes Schaf aus der Menge, trottet zu dem Kleinen, beäugt und beschnuppert es und stößt ein freudiges „Määh!" aus.

„Na also, da hast du dein Lamm wieder", sagt der Loisl zufrieden, „hast mich schon ganz narrisch gemacht mit deinem Geschrei", und er lächelt dem Schaf nach, das mit der Nase sein Lämmchen in die Herde zurückstupst.

„Nun werden dich deine Eltern auch bald holen", meint der

Franzl. „Anderls Vater kommt gleich mit dem Wagen, dann geht's wieder hinab ins Dorf. Besuchst' mich denn mal wieder, Dirndl?"

Hummelchen nickt: „Vielleicht komme ich in den großen Ferien wieder."

Der Loisl zieht mit seiner Herde weiter, und während er die Alm höher hinaufsteigt, schwingt er einen zünftigen Jodler in die Morgenluft. „Holldrioooh, holldrioooh, holldrioo!" und die Berge werfen das Echo klar zurück.

„Ja, mei, da schlag einer lang hin!" ruft der Anderl, „dös ist ja die Stimm' von gestern. Daß ich die net erkannt hab'! Dös war der Loisl, der uns genarrt hat!" Und er hält sich den Bauch vor Lachen.

Da kommt der Wagen vom Hauswirt den Weg herauf. Hummelchen fällt den Eltern jubelnd in die Arme.

„Ach, war das schön hier oben!" ruft sie. „Ich möchte immer hier in den Bergen bleiben." Und im Eifer des Erzählens bringt sie alles, was sie erlebt und gesehen hat, durcheinander.

„Ich kann auch jodeln!" ruft sie, „paßt nur auf!" Und ihr helles: „Hollioooh, hollioooh!" schwingt sich über die Alm zu den Bergen hinüber.

„Hollioooh, Hollioooh!" kommt es zurück.

„Jetzt ist mein Jodler nicht über die Berge gesprungen, er ist wieder zu mir zurückgekommen."

Da lachen die Eltern und der Vater probiert es gleich auch: „Hollidiodiööö . . ."

Wirbel im Hochhaus

Nun ist Hummelchen schon lange wieder daheim in Thalburg. Sie hatte der Oma, Mücke, den Schulkameraden und den Kindern von der „Tüte" viel zu erzählen. Keiner von ihnen hatte so schöne Pfingstferien erlebt wie Hummelchen.

Jetzt freuen sie sich alle auf die großen Sommerferien, denn die stehen nahe bevor. Hummelchen möchte am liebsten wieder in die Berge fahren und das schöne Schloß und den König wiedersehen. Sie würde gern wieder mit dem Anderl auf die Alm gehen und dem Senn zuhören, wenn er am Abend seine Geschichten erzählt.

Der Vater wiegt bedenklich den Kopf. „Ich habe viel zu tun, Hummelchen", sagt er, „ich weiß nicht, ob ich mir auch nur eine Woche Ferien gönnen kann. Fahr' doch mit Mutti allein . . ."

„Nein, nein!" unterbricht ihn Hummelchen heftig, „wenn du nicht mitkommst, fahren wir auch nicht weg, nicht wahr, Mutti? In Thalburg ist es auch wie in einer Sommerfrische."

Die Mutter nickt: „Ja, in Thalburg ist es so schön, daß auch hierhin Sommergäste kommen. Und wir haben es noch dazu besonders gut in unserem Haus mit dem herrlichen Garten."

So ist es also beschlossen, daß Paulsens in diesem Sommer im Eichenhaus bleiben wollen.

Eines Tages kommt ein Brief für Hummelchen an. Eine feste Männerhandschrift hat ihren Namen geschrieben. Erwartungsvoll öffnet sie den Umschlag. Darin liegt eine große Farbfotografie. Sie zeigt den schönen König. Sein Kopf mit dem lockigen, dunklen Haar ist leicht geneigt. Seine Augen sehen mit einem kleinen Lächeln auf ein kleines Mädchen im bunten Dirndlkleid herunter, das mit strahlendem Lachen zu ihm aufsieht.

Auf der Rückseite des Bildes steht:

„Der lieben, kleinen Ursula zum Andenken
an ihren König Ludwig im Thronsaal zu Neuschwanstein."

Hummelchen hüpft vor Seligkeit von einem Bein auf das andere.

„Er hat mich nicht vergessen!" ruft sie, „er hat mich nicht vergessen! Der gute König! Ob er wohl noch so traurig ist, Mutti?"

„Bestimmt nicht mehr, Hummelchen. Weißt du, er hatte sicher nur an diesem einen Tag Sorgen. Das geht einem manchmal so. Aber jetzt lacht er bestimmt wieder."

Hummelchen ist beruhigt. Sie zeigt das Bild allen, die sie

in Thalburg kennt, dann rahmt es die Mutter ein und hängt es in Hummelchens Zimmer an die Wand. Das ist die schönste Erinnerung an die Reise in die Berge.

Nun sind die großen Ferien herangekommen. Die Kinder verabschieden sich lachend und lärmend von Fräulein Fröhlich, der Lehrerin. Gaby und Zöpfchen wollen Verwandte besuchen. Heiner fährt in ein Kinderheim und Conny wurde zu Bekannten ihrer Eltern nach Berlin eingeladen. Es sieht so aus, als bliebe Hummelchen wirklich als einzige von den Kindern „Auf der Tüte“ in den großen Ferien daheim. Aber drei Tage nach Schulschluß läutet es an der Tür des Eichenhauses. Hummelchen öffnet und sieht den fremden Mann, der dort steht, erstaunt an.

Doch so fremd scheint er nicht zu sein, denn er lacht das kleine Mädchen an und fragt: „Na, Hummelchen, kennst du mich nicht mehr? Nun denke einmal nach!“

Hummelchen denkt nach, aber es fällt ihr wirklich nicht ein, wer der Mann sein könnte.

Da kommt die Mutter zur Tür. Sie fällt dem Mann um den Hals, küßt ihn und ruft: „Wilhelm, welche Überraschung! Wir haben uns ja so lange nicht mehr gesehen!“

Hummelchen fragt zaghaft: „Bist du Onkel Wi?“

„Aber ja!“ sagt er, „siehst du, du kennst mich noch! Drei Jahre lang haben wir uns nicht gesehen. Und wie groß du geworden bist, Hummelchen!“

Dann sitzen sie alle in der Halle des Eichenhauses, und es gibt viel zu erzählen.

„Ich hatte in Frankfurt zu tun“, sagt Onkel Wilhelm, der Mutters Bruder ist, „da habe ich einen kleinen Abstecher gemacht, um euch hier in der neuen Heimat zu besuchen. Ich freue mich für deine Erfolge, Thomas, herzlichen Glückwunsch!“

„Danke!“ sagt der Vater. „Die Erfolge verlangen allerdings von mir, daß ich mich immer mehr einsetze. Ich habe eine große Arbeit vor mir.“

„Aber doch nicht gleich“, widerspricht Onkel Wilhelm, „ich wollte euch nämlich alle vier für die großen Ferien zu uns einladen.“

Hummelchen springt auf.

„An den Rhein!" ruft sie, „oh, Mutti, Vati, nicht wahr, wir fahren zu Onkel Wi?"

Die Eltern lachen über ihren Eifer, aber der Vater erklärt: „Ich danke dir für deine Einladung, Wilhelm, aber es geht wirklich nicht. Ich kann diese Arbeit keine Woche lang verschieben. Ich weiß ohnehin nicht, wie ich sie rechtzeitig fertigbekommen soll. In zwei Jahren ist die Tausendjahrfeier Thalburgs. Bis dahin muß das Buch erschienen sein. Und es ist so viel Kleinarbeit daran."

„Ja, Vati muß auch noch das goldene Wappen suchen!" ruft Hummelchen, „denn das gehört auch mit ins Buch hinein."

„Was für ein goldenes Wappen?" fragt Onkel Wilhelm erstaunt.

Der Vater erzählt ihm von der Legende, die vielleicht keine ist, und er seufzt dazu.

„Ja, wenn das so ist", sagt Onkel Wilhelm, „dann wirst du wohl keine Zeit haben. Aber du wirst mitkommen, Sabine, nicht wahr? Du und Hummelchen."

Die Mutter bedauert: „Ich komme auch nicht mit, Wilhelm. Ich helfe Thomas. Es gibt soviel in alten Werken nachzusehen, daß es Thomas allein unmöglich schaffen kann."

„Du wirst aber doch nicht auch noch mithelfen, Hummelchen?" fragt Onkel Wilhelm lachend, „oder mußt du die Bücher aus den Schränken hin- und hertragen?"

Hummelchen lacht. „Ich komme mit dir, Onkel Wi. Ich freue mich doch auf Rolf. Ob er mich denn noch kennt?"

„Wir lassen es darauf ankommen", sagt Onkel Wilhelm. „Unsere kleine Karin hast du ja noch gar nicht gesehen. Sie ist jetzt zwei Jahre alt."

Hummelchen ist voller Freude. Sie wird mit Onkel Wilhelm in seine Heimatstadt fahren, die am Rhein liegt. Sie wird vielleicht sogar auf einem Dampfer fahren dürfen. Das hatte sie sich schon lange gewünscht.

„Ich bleibe heute bei euch", sagt Onkel Wilhelm, „und sehe mir euer Haus an. Morgen früh fahren wir los. Zuerst nach Frankfurt, von da aus nach Düsseldorf. Ich habe dort geschäftlich zu tun."

In Düsseldorf bringt der Omnibus den Onkel und Hummelchen vor eine große Fabrik. Sie liegt, umgeben von Grünanlagen, am Rande der Stadt, und hat unzählige Fenster. Zur linken Seite in einem Hochhaus liegen die Büroräume.

In der weiten Eingangshalle sitzt hinter einer Glaswand der Pförtner. Der Onkel sagt ihm, wen er besuchen will.

„Zimmer 275, im sechsten Stock", sagt der Pförtner.

„Onkel Wi, was sind das für tolle Käfige, die da herauf und herunter gehen?" fragt Hummelchen.

„Das sind Paternoster", erklärt Onkel Wilhelm, „es sind viele kleine Fahrstühle, mit denen man fahren kann, wenn man es eilig hat."

„Fahren wir auch mit dem Pater . . . Pater . . ."

„Nein, wir steigen in den großen Fahrstuhl", sagt Onkel Wilhelm, „vielleicht fahren wir abwärts mit dem Paternoster."

Er geht mit Hummelchen zum Fahrstuhl, schiebt die Tür zu und drückt auf den Knopf „6. Stock".

„Uih, Onkel Wi, das ist ja gerade, als wenn ich hinauffliege", sagt Hummelchen, „es ist mir ganz krabbelig im Kopfe. Ist's dir auch so krabbelig, Mohrle?"

Mohrle drückt sich fest in Hummelchens Arm und grinst. Wenn man so festgehalten wird, braucht man keine Angst zu haben.

Dann hält der Fahrstuhl plötzlich und sie steigen aus.

„Sind wir schon da? Oh, ich glaube, ich muß erst meine Beine suchen, Onkel Wi. So komisch ist das", aber sie hüpft auf den Gang hinaus und blickt sich um.

Da ist eine Tür neben der anderen wie im Hotel. Der Fußboden ist blank gebohnert. Hinter den gerippten Glasscheiben der Türen hört man Schreibmaschinengeklapper und lebhafte Stimmen. Der Onkel geht mit Hummelchen den Gang hinunter und klopft an eine der Türen.

„Bleib hier auf der Bank sitzen, Hummelchen", sagt er, „ich bin gleich wieder da. Bist du brav?"

„Ja, Onkel Wi!" Hummelchen setzt sich auf die Bank im Gang.

Nach einem Weilchen wird es ihr langweilig. Die Angelegenheit, die Onkel Wilhelm zu erledigen hat, dauert doch ziemlich lange.

„Bleib schön sitzen, Mohrle", sagt sie schließlich, „ich muß schnell etwas nachsehen. Bist du brav?"

„So brav wie du!" möchte Mohrle sagen und lacht.

Hummelchen läuft den Gang entlang bis zum Paternoster. Dort bleibt sie stehen und sieht ein Weilchen zu. Leute steigen aus und ein. Hummelchen achtet genau auf ihre Füße.

‚Man muß nur aufpassen, daß man den richtigen Augenblick erwischt', denkt sie, ‚dann ist es ganz einfach.'

Als eine Zelle von oben herabkommt, springt sie schnell hinein und fährt nach unten. Hummelchen erschrickt, als es plötzlich dunkel wird, aber gleich wird es wieder hell, als das nächste Stockwerk auftaucht.

„Das ist ja ganz toll", flüstert sie begeistert, „und wie schnell man unten ist. Dort ist schon der Mann in seinem Glashaus."

Der Pförtner spricht mit einem Besucher des Hauses und achtet nicht auf das kleine Mädchen. Hummelchen hat im Erdgeschoß das Aussteigen versäumt, und nun geht es noch tiefer. Es knarrt und knackt. Ein Gewirr von Rohren und Leitungen liegt im fahlen Licht einer Glühbirne. Hummelchen wird es jetzt doch ängstlich zumute.

„Du liebe Zeit, was mache ich nur", flüsterte sie verwirrt, „am besten, ich mache die Augen zu, dann sehe ich nicht, daß es in die Erde hinunter geht."

Aber plötzlich fühlt sie sich hochgehoben. Das Pförtnerhaus im Erdgeschoß taucht wieder auf. Da sitzt der Pförtner und unterhält sich noch. Der Paternoster steigt nach oben. Stockwerk um Stockwerk rollt an Hummelchen vorbei, und da sie nicht weiß, wie hoch das Haus ist, steigt sie bis zum zehnten Stock. Wieder knackt und knarrt es, und Hummelchen rollt mit ihrer kleinen Fahrstuhlzelle über den Dachboden des Hochhauses. Dann geht es wieder nach unten.

„Das ist ja einfach himmlisch!" jubelt sie, „jetzt weiß ich, wo ich vorhin war, im Keller. Ich fahre immer herauf und herunter."

Sie kommt zum viertenmal ins Erdgeschoß hinunter, als der Pförtner von seiner Arbeit aufsieht. Ärgerlich springt er auf.

„Willst du sofort aus dem Paternoster gehen!" schimpft er, „das ist kein Spielzeug für kleine Kinder."

Hummelchen hüpft heraus und steht etwas verdutzt in der hohen Eingangshalle.

„Was willst du hier?" fragt er unwillig.

„Ich warte auf meinen Onkel Wi", gibt Hummelchen Bescheid, „er ist ganz oben im Haus."

„Dann laufe hinauf!" sagt er ungerührt. „So kleine Kinder wie du brauchen noch keinen Fahrstuhl, die haben flinke Beine."

Hummelchen seufzt ein bißchen, dann macht sie sich zu Fuß auf den Weg nach oben. Vom ersten Stockwerk aus kann der Pförtner sie nicht mehr sehen. Also springt sie rasch wieder in den Paternoster und läßt sich nach oben tragen. Sie merkt zu spät, daß sie im siebenten Stock aus der Zelle steigt.

„Nun muß ich wieder hinunter", meint sie, „das ist aber verhext."

Da sieht sie etwas auf dem Boden liegen. Es ist ein Brief. Sie hebt ihn auf. Nach kurzem Überlegen klopft sie an die nächste Zimmertür.

„Herein", klingt es eilig von drinnen.

„Ich habe etwas auf dem Gang draußen gefunden", sagt Hummelchen und reicht den Brief über den Tisch.

„Der gehört nicht mir", erwidert der Mann, „ich habe jetzt auch keine Zeit. Bringe den Brief in das letzte Zimmer vom Gang auf der rechten Seite. Weißt du, wo rechts ist?"

Hummelchen lacht: „Natürlich, das ist die Hand, mit der ich schreibe."

„Also gut, schaffe ihn dorthin!"

Hummelchen schließt die Tür hinter sich. Der Gang ist lang, endlos lang, wie es ihr scheint.

„Hier kann man fein Eisenbahn spielen", denkt sie und sie stößt die Arme vor und zurück. „tscht, tscht, dann bin ich schnell hinten am letzten Zimmer."

Unterwegs muß sie auch einmal rangieren und so läuft sie rückwärts bis zum Ende des Ganges.

„Rechts", sagt Hummelchen und klopft an die Tür auf der linken Seite.

Da sie keine Antwort bekommt, tritt sie ein. Es ist niemand darin. Der Telefonhörer liegt auf dem Tisch, denn der Angestellte ist für einen Augenblick hinausgegangen, um aus einem anderen Aktenschrank etwas zu holen. Hummelchen tritt unschlüssig näher. Eine Stimme schimpft ärgerlich aus dem Hörer. Hummelchen nimmt ihn ans Ohr.

„Wie lange dauert denn das noch?" hört sie eine Stimme ungehalten fragen, „ich habe doch gesagt, es ist eine graue Mappe. Sie muß auf dem Schreibtisch liegen. Sieh doch mal hin."

„Ja, ich sehe sie", antwortet Hummelchen, deren flinke Augen über den Schreibtisch gehuscht sind, „was soll ich damit machen?"

„Bringe sie herunter, aber schnell!" drängte die Stimme, „ich habe nun lange genug darauf gewartet."

„Wo soll ich sie hinbringen?"

„Wohin? Du liebe Zeit! Jetzt bist du schon fünf Wochen im Betrieb und weißt immer noch nicht Bescheid. Im Zimmer 146 bin ich. Aber nun schnell!"

Hummelchen legt den Hörer auf, nimmt die graue Mappe, legt den Brief hinein und huscht aus dem Zimmer.

„146", sagt Hummelchen, rennt den langen Gang hinunter und in den Paternoster hinein, springt im fünften Stockwerk wieder heraus und läuft den Gang entlang.

„510, 520, 548", liest sie halblaut die Nummern über den Türen ab, „uih, hier ist das nicht, ich muß noch tiefer hinunter."

Hummelchen läßt sich vom Paternoster ein Stockwerk tiefer tragen.

Sie weiß nicht, daß im letzten Zimmer auf der linken Seite im siebenten Stockwerk der Angestellte verwundert vor seinem Schreibtisch steht. Er kann sich doch genau entsinnen, daß er den Hörer nicht auf die Gabel des Telefons gelegt hatte.

Wo ist die graue Mappe, die das Lehrmädchen holen sollte? War sie schon da? Aber da klopft es und das Lehrmädchen tritt ein.

„Ich möchte die graue Mappe für Zimmer 146", sagt sie.

„Hast du sie nicht schon geholt?" fragt der Mann.

„Aber nein, ich war bis jetzt im Zimmer gegenüber."

„Das verstehe ich nicht". Der Mann schüttelt verwundert den Kopf, „jemand muß hier im Zimmer gewesen sein und die Mappe geholt haben."

Da tritt der Angestellte vom Zimmer gegenüber ein.

„Du hast mir vorhin die Akten Müller gebracht", sagt er zum Lehrmädchen, „es fehlt ein Brief. Wo ist er?"

„Er muß dabei gewesen sein", sagt sie verwirrt.

„Ist der auch weg? Ja, spukt es denn hier?"

Das Telefon klingelt. „Wo bleibt denn die graue Mappe? Ich habe dem Mädel doch vorhin am Telefon gesagt, sie soll sie mir sofort bringen!"

„Ich war nicht am Telefon", sagt das Lehrmädchen, „jemand anders muß sie mitgenommen haben."

„Wir sehen nach!" ruft der Angestellte zurück.

„Da stimmt was nicht", meint der andere.

„Das glaube ich auch", sagt der erste, „es ist am besten, wir suchen nach der Mappe, sonst gibt es Krach mit dem Chef." Und sie eilen aus dem Zimmer.

Hummelchen ist im vierten Stock angekommen und saust den Gang hinunter. „465, 474, 489! Das ist es ja immer noch nicht! Ich muß noch mal nachsehen, vielleicht habe ich mich verzählt", und sie läuft wieder den Gang entlang.

„Wer macht denn hier so einen Lärm?" Eine Tür öffnet sich, und ein Mann tritt heraus. „Man kann ja gar nicht arbeiten! Hier wird nicht herumgelaufen. Setz dich hin und warte!"

„Das kann ich nicht!" ruft Hummelchen, „ich habe zu tun." Und sie saust an dem verdutzten Mann vorbei, springt wieder in den Paternoster und fährt in den zweiten Stock hinunter.

„263, 271, 288", liest sie an den Türen, „das ist ja schrecklich. Ich glaube, die Nummer 146 gibt es gar nicht." Sie setzt sich verzweifelt auf die Treppenstufen.

Da tritt ein Junge aus dem Paternoster. Er sieht Hummelchen an und lacht. „Was machst du denn da? Du siehst ja aus, als hätten dir die Hühner das Brot weggepickt."

„Das Brot nicht", meint Hummelchen kummervoll, „aber die Nummer 146". Und sie klagt ihm ihr Leid.

„Die Nummer 146 ist im ersten Stock", lacht er, „du mußt einen Stock tiefer gehen."

„Danke!" ruft Hummelchen und springt in den Paternoster.

„125, 137, 146, jetzt stimmt es", Hummelchen ist erleichtert. Sie klopft an die Tür und tritt ein.

„Ich bringe die Mappe", sagt sie und legt sie auf den Tisch.

„Nanu, wer bist du denn?" Der Mann hinter dem Schreibtisch sieht das kleine Mädchen verblüfft an, „wie kommst du zu der grauen Mappe?"

„Sie haben doch mit mir telefoniert." Hummelchen erzählt ihm die ganze Geschichte.

„Und ich dachte, ich spreche mit dem Lehrmädchen", meint er und schüttelt verwundert den Kopf, „so was darfst du aber nicht wieder tun, hörst du?"

„Ich wollte doch bloß helfen", verteidigt sich Hummelchen, „Sie haben am Telefon so gezankt. Da dachte ich . . ."

Da wird die Tür aufgerissen. Die beiden Herren aus dem siebenten Stock und das Lehrmädchen stürzen herein.

„Es ist etwas passiert", ruft der eine, „die graue Mappe ..."

„... ist bereits da", sagt der Herr aus Nummer 146, und dann wird die ganze rätselhafte Sache geklärt.

„Da haben wir ja ein neues Lehrmädchen", sagt einer der Herren lachend. „Es wäre aber besser, wenn du warten würdest, bis du ein bißchen größer bist."

Hummelchen ist stolz, als sie das Zimmer 146 verläßt. Sie hat den Großen bei ihrer Arbeit mitgeholfen!

Inzwischen wartet Onkel Wilhelm an der Treppe im ersten Stock. Er hatte Hummelchen überall gesucht und war dann den aufgeregten Herren und dem Lehrmädchen begegnet. Er wußte freilich nicht, was Hummelchen unterdessen angestellt hatte, aber aus den Reden der Vorbeieilenden konnte er sich einiges denken.

„Onkel Wi, weißt du es schon?" ruft sie, und dann erzählt sie ihm ihr Abenteuer.

„Und dabei hast du dein Mohrle vergessen", sagt er.

„Oje!" ruft sie, „mein Mohrle!"

Er kann sie gerade noch festhalten, als sie in den Paternoster springen will. „Ich habe ihn ja mitgebracht", sagt er und zieht ihn aus seiner Jacke hervor.

„Dann ist es gut", meint sie erleichtert und drückt das vergessene Kind an ihr Herz.

„Du darfst nicht einfach so in den Paternoster springen", warnt der Onkel, „das muß man geübt haben. Man kann sonst schnell einmal danebentreten und schrecklich verunglücken."

„Ich hab's ja geübt, Onkel Wi. Ich bin immer rauf und runter gefahren. Frage mal den Mann im Glashaus, der hat's gesehen."

„Ach du liebe Zeit, Hummelchen!" ruft der Onkel erschrokken, schüttelt den Kopf, „was wirst du nur anstellen, wenn du vier Wochen lang bei uns zu Besuch bist?"

„Das weiß ich noch nicht, Onkel Wi", sagt Hummelchen arglos, „aber es fällt mir schon etwas ein." Und sie winkt dem verdutzten Pförtner mit einem strahlenden Lächeln zu und verläßt mit dem Onkel das Hochhaus.

Der Kapitän

Vetter Rolf erwartet Hummelchen vor dem Haus auf der Rheinpromenade. Obwohl die Base größer geworden ist, erkennt er sie sofort wieder. Sie hat noch die gleichen dunklen Locken und die gleichen braunen, lachenden Augen wie vor drei Jahren, als sie zu Besuch bei ihnen war. Ob sie aber auch noch so keck und unternehmungslustig ist wie damals? Ob man mit ihr noch jeden Spaß machen kann?

Hummelchen hat auch Rolf gleich erkannt. Sie ruft ihm schon von weitem zu: „Hallo, Rolf! Da bin ich!" Und sie läuft auf ihn zu, und es gibt eine fröhliche Begrüßung.

Onkel Wilhelm lacht: „Ich dachte schon, ihr kennt euch nicht mehr. Aber so ist ja alles in Ordnung, und ich kann beruhigt sein."

Aber Ruhe gibt es jetzt nicht mehr im Hause des Apothekers Weber. Hummelchen ist überall. Ihre Stimme und ihr helles Lachen erfüllen die Räume mit lauter Betriebsamkeit. Dazwischen hallen Rolfs Jungenlachen und Karins jauchzendes Stimmchen. Tante Else hat ihren Spaß daran, und Onkel Wilhelm knurrt nur manchmal ein bißchen, wenn es ihm zuviel wird.

Am liebsten ist Hummelchen unten am Rhein. Sie sieht den Strom zwar vom Fenster ihres Zimmerchens aus, aber schöner ist es, wenn sie mit Rolf am Ufer steht und ihr der frische Wind durch die Locken weht.

Schon am Tag ihrer Ankunft bei Tante Else fragt Hummelchen: „Wann machen wir eine Dampferfahrt? Ich möchte so gern mit einem Dampfer auf dem Rhein fahren."

Onkel Wilhelm erwidert: „Ich habe jetzt keine Zeit, Hummelchen. Du bist ja noch so lange bei uns. In vier Wochen wird sich schon ein Tag finden, an dem wir eine Dampferfahrt machen können. Wir wollen doch auch recht schönes Wetter haben, das gehört einfach dazu."

Das sieht Hummelchen ein. Die Sonne muß scheinen, wenn sie eine Dampferfahrt machen.

Nach ein paar Tagen sagt Onkel Wilhelm: „Heute mittag fahren wir. Um zwei Uhr steht alles fertig zur Abfahrt."

Aber schon am Vormittag verdunkelt sich der Himmel, und bald darauf fallen die ersten Tropfen.

„So ein Pech", murrt Rolf, „nun müssen wir die Fahrt wieder verschieben."

„Es wird schon einmal klappen", tröstet Hummelchen, „nun habe ich so lange auf eine Dampferfahrt gewartet, da kann ich auch noch ein paar Tage länger warten."

Aber auch nach ein paar Tagen klärt sich der Himmel noch nicht auf, wenn es auch nicht gerade regnet. Doch es ist unfreundlich und kühl.

Tante Else sagt an einem Nachmittag: „Ich mache einige Einkäufe. Ich werde dich gleich mitnehmen, Rolf, und dir ein Paar neue Schuhe kaufen. Das Wetter ist zu unsicher, um Karin mitzunehmen. Hummelchen, du bleibst bei Karin, nicht wahr?"

„Aber ja, Tante Else, du brauchst dir keine Sorgen zu machen", nickt Hummelchen, „ich bleibe als Babysitter bei Karin. Das habe ich schon mal gemacht. Das kann ich fein", und sie faßt die kleine Karin an den Händen und dreht sich mit ihr rundum.

Es ist nur gut, daß Tante Else nicht weiß, wie sich die Geschichte abgespielt hatte, als Hummelchen Babysitter war. So verabschiedet sie sich von Karin und Hummelchen und läßt beide allein in der Wohnung zurück.

Hummelchen sagt: „Was machen wir nun, Karin? Du bist so klein und kannst noch nicht alles spielen . . ."

„Tuutuutuut!" ruft Karin und trippelt den Gang entlang.

„Das klingt wie ein Dampfer auf dem Rhein", überlegt Hummelchen, „ich weiß, was wir machen. Wir lassen Schiffchen schwimmen."

Sie läuft ins Badezimmer und läßt Wasser in die Wanne laufen. Dann nimmt sie die Zeitung vom Wohnzimmertisch und zerschneidet sie in Quadrate. Die kleine Karin sieht ihr mit großen Augen zu.

„Ich kann Schiffchen falten, Karin", sagt Hummelchen, „das habe ich im Kindergarten gelernt. Wenn du erst in einen Kindergarten gehst, lernst du das auch. Da sieh, ist es nicht hübsch geworden?"

Die kleine Karin klatscht begeistert in die Hände. Bald hat Hummelchen eine stattliche Dampferflotte beisammen und geht damit hinüber ins Badezimmer. Das Wasser sprudelt noch immer in die Wanne. Hummelchen stellt es ab und setzt ihre Schiffchen auf die Wasserfläche, die sie mit den Händen strudelnd in Bewegung bringt. So schaukeln die kleinen Schiffe hin und her und stoßen zusammen. Einige gehen auch unter. Die kleine Karin jauchzt und kreischt vor Vergnügen. Bald aber läuft sie nach der Tür und reckt sich nach der Klinke hoch.

„Wo willst du hin?" fragt Hummelchen, „willst du nicht mehr zusehen, wie die Schiffe fahren? Gefällt es dir nicht mehr?"

„Mama fort", sagt Karin, „Mama, Rolf fort."

„Sie kommen gleich wieder", tröstet Hummelchen, „komm zu mir. Wir lassen die Schiffchen tanzen."

Die kleine Karin will nachsehen, ob die Mama und Rolf schon zurückgekommen sind, und sie versucht, die Tür zu öffnen. Da ihr das nicht gelingt, dreht sie am Schlüssel.

„Du mußt bei mir bleiben, Karin. Ich bin dein Babysitter. Ich muß auf dich aufpassen." Hummelchen dreht den Schlüssel um, zieht ihn ab und legt ihn auf einen Hocker. „So, nun komm zu mir, Karin. Jetzt fahren wir mit einem großen Dampfer auf dem Rhein."

Karin guckt ihr einen Augenblick zu, dann läuft sie wieder fort. Hummelchen ist so versunken in ihr Spiel, daß sie erst aufsieht, als es klappert.

„Was hast du gemacht, Karin?" fragt sie erschrocken und blickt auf den Hocker, wo der Schlüssel gelegen hat. „Du liebe Zeit, du hast ja den Schlüssel ins Klo geworfen! Uije, hoffentlich habe ich nicht zugeschlossen!"

Hummelchen läuft zur Tür. Sie ist verschlossen.

„Jetzt sind wir gefangen!" Hummelchen blickt Karin ratlos an. „Was machen wir nun?"

Karin lacht, denn sie weiß noch nicht, was sie angerichtet hat.

„Fort", macht sie und schlägt die Händchen zusammen, „fort!"

„Ja, der ist fort", meint Hummelchen, „und ich muß überlegen, wie wir jetzt die Tür aufkriegen. Warte, ich hab's!" Sie nimmt ihre Zahnbürste aus dem Becher und versucht, damit das Schloß zu öffnen.

„Knack", macht es, und Hummelchen hält die zerbrochene Bürste in der Hand.

„Oh, Karin, jetzt haben wir beide etwas angerichtet. Es ist am besten, wir warten, bis Tante Else wiederkommt."

Tante Else kommt auch bald. Sie ruft schon auf dem Korridor: „Hummelchen, Karin! Wir sind wieder da!"

„Das ist prima, Tante Else!" ruft Hummelchen zurück. „Kannst du uns die Tür aufmachen?"

„Wo denn?" fragt Tante Else ahnungsvoll, „wo seid ihr? Ihr habt doch keinen Unfug gemacht?"

„Sie scheinen im Bad zu sein", meint Rolf und drückt die Klinke nieder. „Sie haben sich eingeschlossen."

„Warum schließt du nicht auf, Hummelchen?" ruft die Tante an der Tür.

Hummelchen erzählt, wo der Schlüssel hingekommen ist.

„Wir haben ja noch einen, Mutti." Rolf eilt schon zum Schlüsselkasten, um den zweiten Badezimmerschlüssel zu holen. „Das ist doch alles halb so schlimm."

Aber Rolf bekommt den Schlüssel nicht ins Schlüsselloch.

„Es steckt ja der Stiel von meiner Zahnbürste drinnen!" ruft Hummelchen.

Rolf lacht. „Du bist mir ja ein Babysitter! Was habt ihr denn noch alles angestellt?"

„Nichts weiter!" ruft Hummelchen zurück. „Das ist alles."

„Mutti, wir kriegen die Tür nie auf", sagt Rolf. „Ich laufe zum Schlosser. Er muß das ganze Schloß ausbauen."

„Ach, du liebe Zeit", seufzt Tante Else. „Das ist ja eine schöne Geschichte. Was habt ihr nur im Badezimmer zu suchen gehabt, Hummelchen?"

„Gesucht haben wir nichts, Tante Else Wir haben Schiffchen in der Wanne schwimmen lassen."

„Du hast Wasser in der Wanne? Laß es sofort ab, Hummelchen. Wenn Karin hineinfällt, kann sie ertrinken."

„Aber Tante Else, ich bin doch bei Karin. Ich passe auf. Ich bin doch ihr Babysitter..."

„Und was für einer", sagt Tante Else seufzend, „du brauchst ja selbst noch einen."

Rolf kommt zurück und bringt den Schlosser mit. Der baut das Schloß aus und die beiden Gefangenen kommen vergnügt aus dem Badezimmer. Karin fällt der Mutter jubelnd in die Arme. Hummelchen hält ihre tropfende und aufgeweichte Dampferflotte in der Hand.

„Du hast ja die heutige Zeitung für deine Schiffchen genommen, Hummelchen", ruft Tante Else mit einem Blick auf den Wohnzimmertisch. „Onkel Wilhelm hat sie noch nicht gelesen. Er wird recht ungehalten sein."

„Wir holen drüben am Kiosk eine neue, Mutti", sagt Rolf schnell. „Komm, Hummelchen! Bis Vati kommt, sind wir längst wieder da."

Hummelchen holt sich rasch ihr Mohrle, denn es war schon lange nicht mehr an der frischen Luft. Die Tante gibt Rolf Geld für die Zeitung.

„Wir gehen erst ein bißchen an den Rhein hinunter", sagt Hummelchen, als sie auf der Straße sind. „Die Zeitung können wir dann immer noch holen."

Rolf ist es recht. Er weiß, daß Hummelchen gern am Strom ist. Sie möchte am liebsten immerzu dort stehen und den Schiffen und Kähnen zusehen.

Sie gehen hinüber zum Steilufer, das durch ein Gitter geschützt ist, und sehen in das dunkle Wasser des Rheins hinunter. Eine blasse Sonne bricht durch das graue Gewölk. Ihr schwacher Schein läßt Strom, Berge und alles rundum in frohen, bunten Farben aufleuchten.

„Du, Rolf, ich glaube, morgen wird das Wetter schön. Dann können wir die Dampferfahrt machen. Jetzt bin ich schon eine Woche lang hier und bin immer noch nicht auf dem Rhein gefahren."

Rolf blinzelt in die Sonne: „Ich glaube auch, daß es schön

wird. Wir fahren bestimmt in den nächsten Tagen, verlaß dich drauf. Mein Vati hält immer sein Wort."

„Mein Vati auch", sagt Hummelchen, „auf den kann man sich verlassen und auf meine Mutti auch."

Sie beugt sich zu Mohrle hinunter, der zwischen ihr und Rolf auf der Erde sitzt, und fragt: „Kannst du auch alles sehen, Mohrle? So viel Wasser hast du noch nie gesehen, nicht wahr? Und so viele Schiffe auch nicht." Der Mohrle grinst und Rolf sagt: „Wenn er aus Afrika ist, kennt er einen noch viel größeren Strom. Das ist der Nil. Der Rhein ist ganz klein gegen ihn."

„Noch größer?" staunt Hummelchen. „Ach, das glaube ich nicht..."

Da kommt ein braunes, kläffendes Hündchen hastig zwischen ihre Beine gesaust, schnuppert an Mohrle und stößt es durch die untere Gitterreihe in das Wasser hinunter.

Hummelchen verschlägt es den Atem vor Schreck. Dann ruft sie entsetzt: „Mein Mohrle! Mein Mohrle ist in den Rhein gefallen!"

Ein Junge kommt hinter dem Hund angerannt

„Warum legst du deine Puppe auch auf den Erdboden", sagt er vorwurfsvoll, „mein Waldi dachte, es sei ein Hund, mit dem er spielen kann. Ich kann wirklich nichts dafür."

Hummelchen unterdrückt ein Weinen, doch es zuckt um ihre Mundwinkel.

„Komm!" Rolf packt sie am Ärmel. „Wir wollen am Ufer entlanglaufen. Dort vorn ist die Schiffsanlegestelle. Vielleicht bleibt deine Puppe dort hängen, und wir können sie wieder herausfischen."

Sie laufen am Gitter entlang. Das Mohrle schaukelt auf dem Wasser. Er ist ja aus Kunststoff und geht nicht unter. Es scheint ihm Spaß zu machen, denn er grinst noch immer. Hummelchen möchte am liebsten weinen, aber sie ist tapfer und hält die Tränen zurück.

„Meinst du, daß ich ihn wiederbekomme?" fragt sie bang.

„Natürlich!" ruft Rolf im Laufen. „Warum hast du ihn aber auch mitgenommen. Er muß doch nicht überall dabei sein!"

Hummelchen antwortet nicht. Sie denkt nur an ihr Kind, das im dunklen, kalten Wasser des Rheins liegt und davontreibt.

Das ruhige Uferwasser wird plötzlich lebhaft. Mohrle wird von der Strömung eines Abwässerkanals erfaßt, herumgedreht und abgetrieben. Hummelchen sieht es mit Schrecken.

„Wenn er jetzt nicht wieder ans Ufer zurückkommt", meint Rolf, „dann kriegen wir ihn nie wieder. Er schwimmt immer weiter, den ganzen Rhein hinunter bis nach Holland und dann ins Meer hinein."

Hummelchen sieht Rolf entsetzt an. Rolf ärgert sich über sich selbst. Wie konnte er ihr nur solche Angst machen?

„Nun ja", meint er einlenkend, „so weit kommt er sicher nicht. Wir werden ihn schon irgendwie einfangen."

Sie laufen weiter, die Augen immer auf den dunklen Fleck im Strom gerichtet, der Hummelchens liebstes Kind ist. Aber Mohrle treibt an der Schiffsanlegestelle vorbei und schaukelt auf die große Brücke zu, die sich rheinabwärts über den Strom spannt. Ein Schlepper tuckert flußauf. Seine Wellen drücken Mohrle wieder dem Ufer zu, aber noch immer ist er so weit draußen, daß Hummelchen und Rolf die Puppe gerade noch sehen können.

Hummelchen laufen nun doch die Tränen übers Gesicht. Ihr Mohrle! Ihr liebes Puppenkind! Welche Angst mag es jetzt inmitten des weiten, dunklen Wassers ausstehen! Wie wird es sich nach seiner Puppenmutter sehnen! Hummelchen vermeint fast, seine ängstlichen Hilferufe zu hören. Sie starrt auf den treibenden, schwarzen Fleck im Strom und schluchzt auf.

In diesem Augenblick kommt ein kleines Motorboot angetuckert. Es hatte von der Schiffsanlegestelle abgelegt und fährt rheinabwärts. Hell sprühen die Tropfen hinter ihm her, die der Motor aufwirbelt. Ein Mann mit einer Kapitänsmütze sitzt am Steuer und fährt sicher zwischen anderen Booten, Kähnen und Schiffchen hindurch. Er sieht über das Wasser und stutzt plötzlich. Was treibt denn da! Es sieht aus wie ein Kopf, wie ein schwarzer Kopf. Es wird doch kein Kind ins Wasser gefallen sein? Er steuert auf das schwarze Etwas zu. Rolf und Hummelchen sehen es.

„Er holt Mohrle aus dem Wasser!“ schreit sie aufgeregt, „da, er hat ihn! Rolf, was machen wir bloß. Er wird es nicht hören, wenn wir ihm zurufen.“

„Nein, das hört er nicht. Sein Motor tuckert zu laut.“

„Ich weiß!“ Hummelchen packt Rolf am Ärmel. „Schnell, laß uns auf die Brücke laufen. Von dort aus winken wir ihm zu. Er wird uns sicher sehen, und wir können ihm sagen, daß das Mohrle mir gehört.“

Rolf glaubt zwar nicht, daß Hummelchens Plan Erfolg hat, aber er rennt mit zur Brücke. Atemlos stehen sie endlich am Gitter und sehen dem Motorboot entgegen. Der Mann mit der Kapitänsmütze hat das Mohrle neben sich auf die Bank gelegt. Er sieht wieder über das Wasser und blickt nicht auf. Rolf sagt: „Er sieht uns nicht, Hummelchen. Er guckt nicht ein einziges Mal nach der Brücke hinauf. Wenn er unten durch ist, holen wir ihn auf der Uferstraße nicht mehr ein. Dann nimmt er dein Mohrle mit zu sich nach Hause und schenkt es seinen Kindern.“

„Ich weiß noch was!“ Hummelchen zieht rasch ihr Taschentuch aus dem Röckchen und läßt es auf das Wasser hinunterflattern.

Es wirbelt und dreht sich vor dem Brückenpfeiler. Da wird der Mann aufmerksam. Er blickt zur Brücke hinauf.

Hummelchen winkt und ruft. Sie legt die Arme ineinander und schaukelt sie hin und her, als wiege sie ein Kind.

Da lacht er hinauf und versteht. Er hebt das Mohrle hoch und zeigt es ihr Hummelchen winkt und winkt. Da zeigt er hinüber zum Ufer unter der Brücke.

„Er will mir das Mohrle wiedergeben.“ Hummelchen fegt schon davon. „Schnell, Rolf! Ach, ich freue mich so, daß ich mein Kind wiederbekomme.“

Rolf weiß, was der Mann gemeint hat. Fünfzig Meter hinter der Brücke ist eine kleine Bootsanlegestelle. Dorthin sollen sie kommen. Er hat sein Boot schon angelegt, als die Kinder atemlos und keuchend auf den Bootssteg laufen.

„Dir gehört also die Puppe?“ fragt er und legt das Mohrle in Hummelchens Arme. „Sie hat wohl ein Bad im Rhein nehmen wollen, wie?“

Hummelchen bedankt sich herzlich bei dem freundlichen Mann und erzählt ihm rasch die ganze Geschichte.

„Da hast du ja Glück gehabt, daß du dein Kind wiederbekommen hast", meint er lächelnd, „eine Mutter gibt nicht gern ihre Kinder her, wie? Hast du noch mehr?"

„Ich habe sechs", sagt Hummelchen, „die anderen haben eine weiße Haut. Nur das Mohrle ist aus Afrika. Ich bin seine Pflegemutter. Aber wir haben uns trotzdem lieb. Ich wäre sehr traurig gewesen, wenn er im Rhein ertrunken wäre." Sie sieht den Mann prüfend an. „Gehört Ihnen das schöne Boot? Sind Sie ein Kapitän?"

Er lacht: „Das Boot gehört mir, und ich bin auch ein Kapitän. Aber das kleine Boot ist nur mein Auto auf dem Wasser. Kapitän bin ich auf einem großen Schiff, auf einem Rheindampfer, der die Leute spazierenfährt."

Hummelchen strahlt: „Auf einem Rheindampfer wollen wir auch bald fahren. Dann kommen wir auf Ihr Schiff, weil Sie so nett waren und mein Mohrle wieder aus dem Wasser holten."

„Ich freue mich auf deinen Besuch, Ursula", sagt er, „aber ich kann dir nicht versprechen, daß ich auf dem Schiff bin, wenn du kommst. Denn es fahren mehrere Rheindampfer und ich habe nicht immer Dienst. Heute habe ich meinen freien Tag. Ich hatte einen Besuch gemacht und bin nun wieder auf dem Heimweg. Aber trotzdem hoffe ich, daß ich dich wiedersehe."

Hummelchen hofft es auch.

Der Kapitän unterhält sich noch ein Weilchen mit den beiden Kindern, dann winkt er ihnen zu und tuckert mit seinem Boot rheinabwärts. Rolf und Hummelchen sind ganz begeistert. Ihr Gespräch auf dem Nachhauseweg dreht sich nur um den Kapitän.

Die Tante ist sehr ärgerlich: „Wo bleibt ihr nur so lange! Man braucht doch keine zwei Stunden, um an der Ecke eine Zeitung zu kaufen."

„Zeitung?" Hummelchen und Rolf sehen sich bestürzt an, „die Zeitung haben wir vergessen."

Onkel Wilhelm guckt aus der Wohnzimmertür. „Na, dann her mit der Zeitung", und er streckt seine Hand aus.

Hummelchen läuft zur Küche. Dort liegen noch die Schiffchen, die sie gefalzt hatte. Einige sind noch feucht, aber die Schrift läßt sich noch lesen.

„Da ist sie, Onkel Wi", sagt sie, „was du gern liest, ist noch trocken geblieben. Nur der Roman ist naß geworden, aber den liest du ja doch nicht."

„Du Naseweis", grollt er, „was ist hier los gewesen?"

Nun erfährt der Onkel, warum Hummelchen die Zeitung zu Schiffchen gefalzt hatte. Aber damit er nicht zankt, berichten Rolf und Hummelchen von ihrer Bekanntschaft mit dem Kapitän. Da lächelt er wieder. Wie könnte er auch Hummelchen böse sein, die solche Angst um ihr Mohrle haben mußte.

Onkel Wilhelm kommt am nächsten Tag mittags mit einem verschmitzten Lächeln aus der Apotheke nach Hause. Hummelchen sieht es sofort und ruft:

„Du hast etwas, Onkel Wi! Irgend etwas Schönes! Was ist es? Bitte, sage es doch!"

„Kannst du es dir nicht denken?" fragt der Onkel und zwinkert ihr zu. „Na, was ist denn dein größter Wunsch?"

„Eine Dampferfahrt!" ruft Hummelchen. „Oh, Onkel Wi, machen wir jetzt endlich eine Dampferfahrt?"

„Ich habe mich für übermorgen freigemacht", sagt er, „früher geht es leider nicht. Das Wetter bleibt aber weiterhin schön. So werden wir nichts verpassen. Na, freut ihr euch?"

Rolf und Hummelchen nicken.

„Erst übermorgen", sagt sie ein wenig enttäuscht, „ich dachte, wir fahren schon heute mittag."

„Es ist besser, als gar nicht", meint Rolf, „komm, Hummelchen, wir wollen wieder nach dem Kapitän suchen. Er muß uns sagen, wann sein Schiff fährt. Wir wollen mit seinem Schiff unsere Dampferfahrt machen."

Sein Vater schüttelt lachend den Kopf. „Ihr seid ja närrisch mit eurem Kapitän! Ich wette, daß er übermorgen gerade keinen Dienst hat. Glaubt ihr, daß uns ein anderer Kapitän nicht auch sicher den Rhein hinauffährt?"

„Das schon", meint Rolf gedehnt, „aber der Kapitän gefällt

uns eben. Wenn ich groß bin, werde ich auch Rheinschiffskapitän ..."

„Was wolltest du nicht schon alles werden!" sagt die Mutter und lacht.

„Diesmal ist es ernst", sagt Rolf. „Komm, Hummelchen, jetzt sausen wir los!"

Die kleine Karin streckt die Arme aus. Sie will auch mit.

„Dich können wir nicht gebrauchen", winkt Rolf ab, „du bist noch viel zu klein." Und dann stürmt er mit Hummelchen zur Tür hinaus.

Sie spielen „Fang mich" auf der belebten Rheinpromenade.

„Warte doch, Hummelchen!" ruft Rolf und bleibt atemlos stehen, „ich kann plötzlich gar nicht mehr so schnell laufen."

Hummelchen wendet sich um: „Was hast du denn? Hast du einen Nagel im Schuh?"

Er hat sich gegen einen Baum gelehnt und atmet schwer.

„Nein, es ist kein Nagel. Die Füße sind mir so schwer. Ich habe auch so einen komischen Druck im Hals. Schon heute früh habe ich es gemerkt, aber dann ging er wieder weg. Jetzt ist er wieder da."

„Du hast etwas verschluckt", stellt Hummelchen sachlich fest, „huste mal kräftig!"

Er tut es. „Au, wenn ich huste, tut's weh. Gucke doch mal in meinen Hals, Hummelchen!" Er reißt den Mund auf und streckt die Zunge heraus.

Hummelchen guckt hinein. „Der Hals ist innen rot", meint sie nach einer Weile.

„Ach herrje, das hat mir noch gefehlt", murrt er, „ich werde krank, Hummelchen."

„So ein Pech! Nun wird wieder nichts aus unserer Dampferfahrt", meint sie enttäuscht.

Der blinde Passagier

Rolf liegt seit Tagen mit einer Halsentzündung im Bett. Der Arzt hat ihm Tabletten und lauwarme Halswickel verschrieben und sieht täglich nach ihm. Hummelchen und die kleine Karin dürfen nicht zu ihm, damit sie sich nicht anstecken. Sie spielen zusammen mit den Puppen, aber da Karin noch zu klein ist, hat Hummelchen keine rechte Freude an dem Spiel. Sie steht oft am Fenster und sieht zum Strom hinüber, oder sie läuft auf die Straße hinunter und hält nach Nachbarskindern Ausschau, die mit ihr spielen könnten. Wenn es Tante Else nicht sieht, guckt sie heimlich in Rolfs Zimmer hinein.

„Bist du immer noch nicht gesund? Es ist so langweilig ohne dich", klagt sie, „was soll ich nur machen?"

„Geh' doch an den Rhein", rät er mit krächzender Stimme, „du kannst ja auch allein den Schiffen zusehen. Vielleicht triffst du auch den Kapitän."

„Meinst du, daß Tante Else mich allein gehen läßt?"

Rolf knurrt etwas, aber Hummelchen weiß schon, was er meint.

„Wir wollten doch jetzt artig sein", meint sie, „sonst macht Onkel Wi die Dampferfahrt nicht mit uns."

„Du darfst eben nicht lange bleiben, dann merkt sie's nicht", flüstert er.

„Also gut, ich versuch's mal. Tschüs — und werde bald gesund!" Sie schließt leise die Tür.

Tante Else ist in der Küche. Sie macht einen neuen Halswickel für Rolf zurecht. Die kleine Karin rührt in einem Topf Papierschnitzel um.

„Ich gehe vors Haus", sagt Hummelchen, „vielleicht spielt jemand mit mir."

„Ja, tu das", erwidert die Tante zerstreut und beschäftigt, „aber sei vorsichtig und lauf nicht fort!"

Hummelchen nickt und hüpft die Treppe hinunter. Die Uferstraße ist belebt wie immer. Autos fahren hin und her. Der große, gelbe Omnibus hält an der Haltestelle vor dem Nebenhaus. Hummelchen sieht hinüber zum Wasser. Die Sonne flimmert darauf. Schleppkähne und Dampfer rauschen vorüber und ziehen schäumende Wellen hinter sich her. Hummelchen seufzt und macht sehnsüchtige Augen.

Da biegt der Gemüsemann aus der Nebenstraße mit seinem Karren um die Ecke. Hummelchen weiß, wenn er nicht den Lieferwagen fährt, sondern die Karre schiebt, dann geht er zum Ufer hinunter, um den Schiffersfrauen frisches Gemüse zu verkaufen. Hummelchen huscht zwischen zwei Autos auf die andere Straßenseite hinüber.

„Das war knapp, kleines Fräulein", meint der Gemüsemann und droht ihr mit dem Finger, „das nächste Mal wartest du, bis die Straße frei ist."

„Wenn ich so lange gewartet hätte", meint Hummelchen, „dann wären Sie weitergefahren, und ich hätte Sie nicht mehr eingeholt."

„Zu mir willst du? Willst du etwas kaufen?"

„Nein, ich will nur mit hinunter ans Wasser und zugucken, wenn Sie Gemüse verkaufen. Ich kann Ihnen auch helfen."

Er lacht: „Das will ich lieber selber machen, aber zugucken kannst du, wenn es dir Spaß macht."

Ja, Hummelchen macht es Spaß. Sie geht neben seinem Karren her, biegt dann mit ihm in den kleinen Weg ein, der zum Rheinufer hinunterführt. Dort haben schon einige Boote und Lastkähne angelegt, denn die Schifferfrauen wissen, daß sie hier beim Gemüsemann frisches Obst und Gemüse für ihre Weiterfahrt kaufen können.

Hummelchen sieht ihm ein Weilchen zu, dann fällt ihr Blick auf ein Mädchen. Es ist etwas älter als sie und hat zwei dicke, blonde Zöpfe. Seine Mutter tritt jetzt vom Kahn auf den kleinen Steg, der aufs Ufer führt, um bei dem Gemüsemann ihre Einkäufe zu machen. Es sind noch ein paar Frauen vor ihr und sie muß warten, bis sie bedient wird. Hummelchen sieht zum erstenmal ein Kind, das auf einem Kahn lebt, und es fällt ihr alles ein, was sie gern darüber wissen möchte.

Rasch läuft sie zu dem fremden Mädchen hinüber.

„Wohnst du hier auf dem Schiff?" fragt Hummelchen.

Es nickt.

„Ich heiße Ursula. Und du?"

„Annemie."

„Erzähle mir von deinem Schiff", bittet Hummelchen, „ich habe noch nie eins aus der Nähe gesehen. Ich bin hier zu Besuch bei meinem Onkel und meiner Tante. Ich sehe die Boote und Kähne immer nur von weitem."

„Komm doch mit herein und guck dir alles an", sagt Annemie.

„Oh, fein!" Hummelchen ist gleich dabei. „Das habe ich mir schon immer gewünscht."

Sie trippelt hinter Annemie den Steg entlang. Der Kahn wiegt ganz leicht auf und ab. Hummelchen sieht einen Mann am anderen Ende des langen Lastkahns arbeiten. Er wendet den Kindern den Rücken zu.

„Das ist mein Vati", sagt Annemie und steigt vor Hummelchen eine kleine Treppe hinunter.

„Wie hübsch ist es hier!" ruft Hummelchen überrascht, „wie in einer ganz kleinen Wohnung. Hast du auch ein Schlafzimmer?"

Annemie öffnet eine Tür. Da stehen in einem kleinen Raum drei Betten, ein Schrank, ein Tisch und zwei Stühle.

„Und wo ist das Wohnzimmer?" fragt Hummelchen.

„Ein Wohnzimmer haben wir nicht", entgegnet Annemie, „wir wohnen in der Küche und wenn das Wetter schön ist, sind wir oben auf Deck."

Hummelchen findet alles sehr schön. Von den kleinen Fenstern aus kann man direkt auf das Wasser des Rheins sehen. Man sieht die Boote und Schleppkähne ganz nahe vorbeiziehen. Ach, es ist einfach herrlich!

Von draußen ruft eine Stimme: „Bist du fertig, Grete? Dann werfe ich ab!" Der Kahn beginnt zu schaukeln. Der Mann hebt den kleinen Laufsteg vom Ufer ab. Er löst das schwere Tau, welches den Kahn an einem Haltepfosten nahe dem Ufer festgehalten hat. Dann schwankt und rauscht es. Ein Wasserstreifen wird zwischen Kahn und Ufer sichtbar und immer breiter.

„Wir fahren ab", sagt Annemie erschrocken, „und du bist noch hier. Ich muß es gleich meinem Vati sagen."

Auch Hummelchen ist erschrocken. Aber dann siegt ihre

Neugier. Wollte sie nicht schon immer auf einem Kahn fahren? Ist das nicht jetzt eine herrliche Gelegenheit?

Sie sagt rasch: „Nein, sage ihm noch nichts. Ich möchte so gern noch ein kleines Stückchen mitfahren. Ich wollte schon immer auf einem Kahn fahren. Ich kann ja wieder aussteigen, wenn ihr das nächste Mal anhaltet und dann zurücklaufen."

„So bald legen wir aber nicht an", sagt Annemie, „und wenn mein Vater dich sieht, wird er zanken, weil wir ihn nicht erst gefragt haben, ob du mitfahren darfst."

„Ach, weißt du was, Annemie, wenn er kommt, verstecke ich mich hier irgendwo nur für eine Weile. Dann zankt dein Vater sicher nicht mehr, wenn er mich sieht."

Annemie nickt. Sie führt Hummelchen schnell durch das Schlafzimmer zur Hintertür in einen kleinen Gang hinaus. Dort ist eine winzige Abstellkammer für Putzzeug und allerlei Dinge, die man nicht herumliegen lassen kann.

„Huh", macht Hummelchen erschrocken, „hier ist's aber nicht schön. Es riecht nach Staub und Kohlen. Wo soll ich mich denn verstecken?"

„Zwischen den Säcken", flüstert Annemie, „und jetzt sei still, daß dich niemand hört. Wenn es Mittag ist, bringe ich dir etwas zu essen."

Dann macht sie die Tür zu und Hummelchen ist allein. Es ist nur tröstlich, daß die kleine Abstellkammer ein Fensterchen hat. Es ist rund und klein, aber wenn Hummelchen auf eine Kiste steigt, kann sie aufs Wasser sehen, und nun findet sie ihr Versteck nicht mehr langweilig und schrecklich. Annemie ist ein wenig bedrückt, aber sie tröstet sich, daß sie bald mit der neuen Freundin spielen kann. Der Vater und die Mutter halten sich meist auf Deck auf, so kann Annemie oft nach der kleinen Abstellkammer laufen und ein paar Worte mit Hummelchen sprechen.

„Komm doch auf Deck, Annemie!" ruft die Mutter, „was tust du nur immer unten in der Küche. Es ist so herrlich hier oben!"

„Ich habe nur etwas gesucht, Mutti!" ruft Annemie zurück und eilt die Treppe hinauf.

Hummelchen sieht unablässig aus dem kleinen Fenster. Der Kahn rauscht und stampft unter ihr Er fährt mitten auf dem Strom, an dessen Ufer Weinberge aufsteigen. Wie gern wäre sie mit oben auf Deck gewesen, doch sie wagt sich noch nicht aus ihrem Versteck hervor. Sicher ist Annemies Vater noch böse, wenn er sie jetzt sieht. So verhält sich Hummelchen ganz still. Sie beginnt die Schlepper und Boote zu zählen, die an ihrem Fensterchen vorüberfahren. Sie guckt recht sehnsüchtig zu dem weißen Ausflugsdampfer hinüber, der mit lachenden und singenden Menschen neben ihrem Kahn herfährt. Von den Türmen der Städte am Rhein läuten die Mittagsglocken. Ihr Schall schwingt über das Wasser, aber Hummelchen hört es nicht. Der Motor des Lastkahnes und das aufrauschende Wasser sind die einzigen Laute, die zu ihr dringen. Manchmal hört sie auch die Stimmen der Schiffersleute, wenn sie im kleinen Schlafraum sind, aber sie versteht nicht, was sie sagen.

Die kleine Annemie sitzt heute recht lange über ihrer Gemüsesuppe. „Schmeckt es dir nicht?" fragt die Mutter, „du magst sie doch sonst so gern."

„Doch, es schmeckt mir gut, Mutti", versichert das kleine

Mädchen und löffelt schnell den Teller leer, „gib mir bitte noch etwas."

Die Mutter füllt den Teller noch einmal. Annemie nimmt bedächtig Löffel für Löffel. Sie möchte gern Hummelchen die restliche Suppe bringen und wartet darauf, daß die Mutter die Küche verläßt.

„Ich glaube, du schaffst es doch nicht mehr", meint die Mutter, „laß es stehen! Vati kommt gleich zum Essen herunter. Er kann deinen Rest mit essen."

„Ich schaffe es bestimmt noch", sagt Annemie „ganz bestimmt."

Die Mutter geht nach oben. Annemie steht schnell auf, nimmt den Teller und will durch die Tür verschwinden. Da kommt der Vater die Treppe herunter.

„Nanu", sagt er erstaunt, „wo willst du denn mit dem Teller hin? Willst du im Schlafzimmer essen?"

Annemie wird rot. „Ach, ich weiß nicht", stottert sie, „ich wollte nur etwas nachsehen", und sie setzt sich verwirrt wieder an ihren Platz.

Der Vater schüttelt verwundert den Kopf, setzt sich an den Tisch und beginnt zu essen. Annemie muß nun die Suppe aufessen, obwohl sie schon satt ist. Aber dann gelingt es dir doch, für Hummelchen ein Stück Brot abzuschneiden und es ihr heimlich in die kleine Abstellkammer zu bringen.

Hummelchen ist schon recht hungrig. Sie besieht das trokkene Brot nicht lange und beißt herzhaft hinein. So gut hat ihr schon lange nichts mehr geschmeckt.

*

Die kleine Abenteurerin weiß nicht, daß sich die Tante große Sorgen um sie macht. Sie ist in der ganzen Nachbarschaft herumgelaufen und hat nach Hummelchen gesucht. Onkel Wilhelm, der zum Mittagessen nach Hause kommt, schlägt vor, die Polizei zu benachrichtigen. Dem kranken Rolf haben sie nichts davon gesagt, daß Hummelchen verschwunden ist. Der Junge wundert sich nur, warum ihn die Base nicht mehr besucht.

„Wenn wir nur erst wüßten, wo das Kind ist", sagt Tante Else seufzend. Sie macht sich bittere Vorwürfe, daß sie Hummelchen allein auf die Straße hinuntergehen ließ.

*

Der Kahn fährt weiter den Rhein hinab. Hummelchen wird es nun doch angst und bange. Die Strecke wird ja immer länger. Wie soll sie nur wieder zurückkommen.

Als Annemie wieder zu ihr kommt, fragt sie: „Annemie, meinst du, daß ich jetzt aus meinem Versteck herauskommen kann? Ich möchte so gern mit oben auf Deck sein. Da kann man den Rhein viel schöner sehen."

Annemie macht ein bedenkliches Gesicht.

„Hummelchen, ich glaube, der Vater hat keine gute Laune", meint sie, „eben wollte er das Radio anstellen, um die Nachrichten zu hören, da geht es nicht mehr. Jetzt ist er brummig und ärgert sich. Wir wollen lieber ein bißchen warten. Ich komme gleich wieder." Und schon ist Annemie wieder verschwunden.

„Ich möchte nur wissen, was das Kind heute den ganzen Tag unter Deck zu suchen hat?" murrt der Vater in der Küche, „sonst ist sie an einem schönen Tag nicht vom Deck herunter zu kriegen."

„Laß sie doch", sagt die Mutter begütigend. „Kinder haben ihre eigenen Gedanken. Sie tut ja nichts Unrechtes."

Annemie, die gerade in die Küche tritt, wird rot und sieht verlegen zur Seite. Sie tut nichts Unrechtes, hat die Mutter gesagt. Ach, Mutti, wenn du wüßtest, daß wir einen blinden Passagier an Bord haben. Ob sie es nicht doch lieber sagen soll?

„Geh rauf an die frische Luft", knurrt der Vater und versucht, die Rückwand des Radioapparates abzuschrauben, um nach dem Fehler zu suchen, „es gefällt mir nicht, wenn du hier unten bist."

„Ja, Vati", sagt Annemie leise und huscht die Treppe hinauf.

Hummelchen wartet vergebens. Annemie kommt nicht wieder. Sie stellt sich auf die Kiste am Fenster und sieht auf das

Wasser hinaus. Da kommt ein Schatten auf das Fenster zu. Hastig springt Hummelchen von der Kiste. Die fällt um, und es gibt einen kleinen Krach. Hummelchen hält vor Schreck den Atem an und drückt sich in eine dunkle Ecke hinter einen alten Schiffermantel. Der Schatten bleibt vor dem Fenster stehen. Ein Gesicht neigt sich herunter.

„Nanu", brummt der Schiffer nachdenklich, „war da nicht eben in der Kammer etwas umgefallen?"

Er wartet noch ein Weilchen, aber da sich nichts in dem dämmrigen Raum rührt, geht er weiter. Hummelchen schlägt das Herz vor Schreck bis zum Hals hinauf.

„Uih", flüstert sie, als Annemies Vater weitergegangen ist, „wie gut, daß er mich nicht gesehen hat. Er ist wirklich brummig. Er darf mich nicht sehen."

Sie wagt es kaum noch, an das kleine Fenster zu treten.

Hummelchen ist enttäuscht. So hatte sie sich eine Schiffahrt nicht gedacht. Sie wollte ringsum den Strom sehen und darauf die vielen Kähne und Dampfer und darüber den Himmel. Nun steckt sie hier in einer kleinen Kammer und sieht durch das Fensterchen nichts als ein kleines Stück all der ersehnten Herrlichkeit. Und nun muß sie vielleicht sogar solange hier eingeschlossen bleiben, bis Annemies Eltern den Rhein wieder hinauffahren?

In dem Kämmerchen ist es warm und stickig. Fast nimmt es ihr den Atem. Da steigt sie auf die Kiste und öffnet den Hebel am Fenster. Frische Luft strömt herein. Hummelchen ist müde. Sie setzt sich auf einen Stoß alter Säcke und lehnt den Kopf an den Schiffermantel in der Ecke. Die Augen fallen ihr zu und bald ist sie eingeschlafen.

*

Die Schiffersfrau kocht in der Küche den Nachmittagskaffee und schneidet das kräftige Brot auf. Annemie wird unruhig. Sie möchte zu gern nach Hummelchen sehen, aber sie wagt es nicht, in die Kammer zu laufen. Der Vater bastelt noch immer am Radio herum, aber er bringt es nicht in Gang.

„Jetzt kann ich die Abendnachrichten auch nicht hören", beklagt er sich, „sobald wir den nächsten Ort erreichen, legen wir an. Ich muß den Apparat nachsehen lassen. Ich höre immer gern, was in der Welt vorgeht. Wenn man hier den ganzen Tag auf dem Wasser ist, lebt man wie auf einer einsamen Insel."

Die Mutter nickt. „Es ist immer dasselbe, was die Nachrichten bringen", meint sie, „aber ich hab' es natürlich auch gern, wenn das Radio in Ordnung ist."

So wissen sie nicht, daß mit den Mittagsnachrichten die Bevölkerung des Rheinlandes aufgefordert ist, die Suche nach der verschwundenen Ursula Paulsen zu unterstützen. Der Lastkahn gleitet weiter den Rhein hinab, und Hummelchen schläft.

„Ich werde gleich die Küche putzen", sagt die Mutter und will nach dem Kämmerchen gehen.

„Ich hole das Putzzeug!" ruft Annemie und springt auf.

„Bleib nur sitzen!" sagt die Mutter. „Ich muß doch noch einiges aus der Kammer holen. Das kannst du nicht alles tragen."

Annemie setzt sich mit klopfendem Herzen wieder hin. Jetzt wird die Mutter Hummelchen entdecken. Was wird sie nur sagen?

„Ja, wer ist denn das?" hört sie die Mutter überrascht ausrufen. „Kind, wie kommst du hierher?"

Hummelchen reibt sich erschrocken die Augen. Ein Sonnenstrahl fällt in die winzige Kammer. Da steht Annemies Mutter und sieht fassungslos auf sie herunter.

„Was ist denn los?" fragt der Vater und eilt ihr nach.

„Fritz, wir haben einen blinden Passagier!" Sie faßt nach Hummelchens Hand. „Kind, komm steh auf! Du bist ja ganz steif vom Sitzen."

Annemie guckt den Eltern und Hummelchen schuldbewußt entgegen, als sie in die Küche treten.

Hummelchen ruft erleichtert: „Siehst du. Annemie, deine Eltern sind gar nicht böse. Jetzt kann ich wieder aus der Kammer raus, nicht wahr?"

„Ihr kennt euch?" Der Vater zieht sich einen Stuhl heran und setzt sich. „Wieso kennt ihr euch? Was ist hier los?"

„Hummelchen wollte so gerne mitfahren", gesteht Annemie leise und sieht auf den Boden, „da habe ich sie mitgenommen. Aber damit du nicht zankst, hat sie sich in der Kammer versteckt."

„Erzähle mir das der Reihe nach, Annemie", fordert der Vater auf.

„Annemie kann nichts dafür!" ruft Hummelchen schnell, „ich habe sie gebeten, mich mitzunehmen und da hat sie's getan."

Annemie berichtet stockend und kleinlaut. Hummelchen nickt.

„Ja, so war's. Aber Sie dürfen Annemie nicht böse sein. Ich wollte so gern mal auf einem Schiff fahren."

„Seit heute vormittag bist du hier?" ruft die Schiffersfrau erschrocken. „Kind, um Gottes willen, man wird dich suchen! Wie konntest du nur so etwas tun! Deine Eltern werden verzweifelt sein!"

„Aber nein", lacht Hummelchen sorglos, „meine Eltern haben ja gesagt, daß ich mal auf einem Schiff mitfahren kann, und nun bin ich eben da. Die machen sich keine Sorgen um mich."

Die Schiffersfrau sieht ihren Mann an.

„Das verstehe ich nicht", meint sie, „wie können dich deine Eltern auf unserem Kahn mitfahren lassen. Sie kennen uns doch gar nicht."

Hummelchen meint: „Das macht doch nichts. Ich kenne Annemie. Das ist meine neue Freundin. Bitte, lassen Sie mich mitfahren. Ich möchte gern oben auf dem Schiff sitzen und auf den Rhein gucken. Hauptsache, Sie nehmen mich nachher wieder mit zurück."

„Was soll ich von der ganzen Sache halten?" fragt der Schiffer. „Ich werde daraus nicht klug. Ich kann es nicht verantworten, dich ohne Genehmigung deiner Eltern auf meine Fahrt mitzunehmen. Ich werde dich im nächsten Ort der Polizei übergeben, damit sie dich nach Hause bringt." Hummelchen ist enttäuscht und Annemie auch.

„Jetzt setze dich hier an den Tisch und iß etwas", sagt die Schiffersfrau freundlich, „du hast sicher Hunger."

Das tut Hummelchen gern. Sie langt tüchtig zu, denn das

kräftige, dunkle Brot schmeckt ihr besser als die weißen Brötchen bei Tante Else.

Dann erfüllt sich doch noch ihr Wunsch, wenn auch nur für eine halbe Stunde. Sie steht mit den Schiffersleuten und Annemie auf dem Deck des Kahnes. „Wie schön ist es hier oben!" ruft sie begeistert, „alles kann man hier sehen, alles!"

Die Sonne flimmert auf dem Wasser. Schiffe, Kähne und Boote fahren stromauf und -ab, und über ihnen schreien heiser die Möwen. Hummelchen hat viel zu fragen und der Schiffer gibt ihr gern Auskunft. Sie springt mit Annemie auf dem Deck umher, reicht der Schiffersfrau die Wäsche zu, die diese vormittags gewaschen hat. Lustig flattert sie im Wind an der Leine, die sich von einem Lademast bis zur Kajütenwand spannt.

Ein anderer Kahn holt sie ein und stampft kurze Zeit mit ihnen Seite an Seite.

„Hallo!" ruft Annemies Vater hinüber, „wir begegnen uns ja schon wieder! Gute Fahrt gehabt?"

„Jawohl!" schreit der andere herüber, „wen hast du da? Ferienkind?"

„Wie?" schreit Annemies Vater, „verstehe dich nicht! Ach, die Kleine? Ein blinder Passagier, sozusagen!"

„Was?" Der Schiffer drüben ist aufgeregt, aber der Motorenlärm beider Kähne verschlingt seine Worte: „So ein Mädchen wird gesucht! Seit heute mittag! Hörst du, Schiffer? Gesucht!"

Annemies Vater zuckt die Schultern. Er hat den anderen nicht verstanden. Da zieht der Kahn vorüber und die Schiffer winken sich noch einmal zu. Die Schiffersfrau hat in der Küche zu tun. Annemie und Hummelchen strolchen durch das ganze Schiff.

Dann kommt eine Stadt in Sicht.

„Jetzt muß ich dich ausladen", sagt der Schiffer, „es tut mir leid, Kleine, aber ich kann nicht gegen die Bestimmungen handeln. Vielleicht klappt es ein andermal, daß du auf unserer ganzen Strecke mitfahren kannst. Zuvor rede ich aber mit deinen Eltern. Sei nicht traurig. Du bist ja nun schon ein ganzes Stück mit uns den Rhein hinabgefahren. Jetzt nimmt dich die Polizei in Obhut und bringt dich zurück. Auf Wiedersehen, kleine Ursula!"

Hummelchen nickt traurig und bedankt sich für die Fahrt. Auch Annemie ist traurig. Es wäre so schön gewesen, wenn sie auf der ganzen Fahrt eine Spielgefährtin gehabt hätte. Aber der Vater hat recht. Hummelchen hätte erst ihre Eltern fragen müssen oder vielmehr den Onkel, bei dem sie jetzt wohnt.

Sie legen an. Annemies Vater springt auf die Brücke und geht zu dem Kiosk, wo die Fahrkarten für die Dampfer verkauft werden.

„Ich habe einen kleinen, blinden Passagier an Bord", sagt er zu dem Verkäufer, „ich muß ihn dir übergeben. Setze dich sofort mit der Polizei in Verbindung, damit das Kind nach Hause kommt."

Der Verkäufer starrt auf Hummelchen, die von der Schiffersfrau vom Kahn gebracht wird.

„Mein Gott", sagt er erlöst, „das ist sie. Seit heute mittag sucht man überall nach ihr. Die ganze Polizei ist auf den Beinen. Gott sei Dank, daß das Mädchen wieder da ist!"

„Das ist ja eine schöne Geschichte", meint der Schiffer und schiebt verlegen seine Mütze nach hinten, „mein Radio ist kaputt. Ich habe keine Nachrichten gehört. Wie konnte ich wissen, daß die Sache so ernst ist? Du kennst mich, wenn die Polizei mich braucht, stehe ich ihr zur Verfügung. Jetzt muß ich aber erst weiter. Ich muß meine Lieferzeiten einhalten."

„Ich weiß", sagt der Fahrkartenverkäufer, „mach' dir keine Gedanken, Hinrichsen. Ich bürge für dich. Das Kind wird sofort nach Hause geschickt." Er nimmt Hummelchen an der Hand und führt sie in seinen Kiosk.

„Warte hier, bis ich wiederkomme. Ich laufe nur schnell zur Telefonzelle und rufe die Polizei an."

Hummelchen nickt und setzt sich auf einen Stuhl. Als der Mann gegangen ist, blickt sie sich neugierig um. Viel gibt es nicht zu sehen. So tritt sie nach einer Weile leise vor die Tür. Der Verkäufer ist nirgends zu sehen, und auch der Kahn mit Annemie und ihren Eltern ist schon weitergefahren. An der Uferstraße sind Häuser und Läden. Es ist nicht viel Verkehr um diese Zeit. So fällt Hummelchen die alte Frau auf, die eine volle Einkaufstasche trägt. Da verliert sie eines der Päckchen und merkt es nicht. Hilfsbereit eilt Hummelchen über die Straße. Sie hebt das Päckchen auf und läuft ihr nach.

„Du bist ein liebes Kind", sagt die alte Frau erfreut und nimmt das Päckchen aus Hummelchens Hand, „ich habe ein bißchen viel eingekauft. Da kann es schon passieren, daß man etwas verliert."

„Ich kann Ihnen tragen helfen", sagt Hummelchen, „bitte, geben Sie mir die Einkaufstasche."

„Die Tasche ist zu schwer für dich", wehrt die alte Frau ab.

„Oh, ich bin stark", versichert Hummelchen, „ich kann sie bestimmt tragen". Und sie nimmt der Frau die Tasche ab und geht neben ihr her.

Die Tasche ist wirklich ein bißchen schwer, aber Hummelchen hängt sie an den Arm, so verteilt sich das Gewicht besser. Sie gehen noch ein paar Straßen entlang, dann sind sie zu Hause angekommen, in dem die alte Frau wohnt.

„Warte einen Augenblick", sagt sie, „ich will dir eine Belohnung geben". Sie öffnet eines der Päckchen in ihrer Tasche und füllt Hummelchens Schürzentasche mit Keksen.

Hummelchen bedankt sich und kehrt um. Aber sie hat nicht auf den Weg geachtet und so läuft sie jetzt durch eine andere Straße, um an den Rhein zu kommen.

Währenddessen macht sich der Verkäufer bittere Vorwürfe, daß er das kleine Mädchen nicht in seinem Kiosk eingeschlossen hat. Sie ist wie vom Erdboden verschwunden.

Hummelchen kaut genießerisch einen Keks nach dem anderen und geht die Straße entlang. Vor einem Haus ist ein Gerüst aufgebaut. Die Arbeiter machen eben Feierabend und packen ihre Werkzeuge zusammen.

„Du, Hans", sagt der eine und stößt den anderen an, „sieh mal, das kleine Mädchen dort unten! Könnte das nicht das sein, das gesucht wird? Blaues Kleid, weiße Strümpfe, braune Schuhe? Das Alter könnte auch stimmen. Mein Gott, ich kann mir denken, wie es seinen Angehörigen zumute ist. Ich habe ja auch so einen Wildfang."

„Das wäre schon möglich, daß das die Kleine ist", meint der andere bedächtig, „was willst du tun?"

„Ich laufe hinunter. Ich spreche mit ihr. Sie muß es sein."

Er legt seine Tasche beiseite und klettert die Leiter hinunter. Hummelchen ist weitergegangen. Sie weiß nichts von dem Gespräch, das hoch über ihr geführt wurde. Das Licht springt gerade auf „Grün" als sie an die Straßenkreuzung kommt. Es zeigt wieder rot an, als der Arbeiter ihr nacheilen will. Hummelchen ist seinen Blicken entschwunden, als er über die Straße gehen darf. Enttäuscht kehrt er um.

„Sie ist es bestimmt gewesen", murmelt er.

Hummelchen bleibt in einer Nebenstraße bei einer Schar spielender Kinder stehen. Nach einer Weile ruft sie: „Hallo, hört mal! Wie kommt man denn von hier aus zum Rhein? Ich hab' mich nämlich verlaufen."

Die Kinder sehen sie an.

„Was willst du denn da?" fragt ein Mädchen. „Bleib' hier und spiel mit!" sagt ein Junge. „Aber wenn du mogelst, darfst du nicht mitmachen."

„Ich mogle nie", erwidert Hummelchen gekränkt.

Sie spielen „Verstecken". Hummelchen steht gerade hinter einer Haustür, als das Polizeiauto durch die Straßen fährt. Es fährt langsam. Die Polizisten gucken rechts und links und prüfen jedes kleine Mädchen, denn der Fahrkartenverkäufer hat ja die Polizei benachrichtigt, daß die gesuchte Ursula Paulsen hier in der Stadt ist. Keines der Kinder beachtet es, denn das Spiel hält sie ganz gefangen. Das Auto biegt gerade um die Ecke und verschwindet, als Hummelchen sich leise aus ihrem Versteck schleicht und sich an der Hausmauer freischlägt. Aber dann muß eines der Kinder nach dem anderen zum Abendessen und Hummelchen ist wieder allein und geht nun weiter.

Nur ein Junge sieht Hummelchen aufmerksam entgegen. Er ist einige Jahre älter als sie und steht vor der Tür des großen Hauses, in dem er wohnt. Er hat seinen Hund an der Leine, der ihn anspringt und bettelt, er möge mit ihm spielen. Aber der Junge sieht nur Hummelchen.

„Hast du aber einen schönen Hund" sagt sie und streicht ihm über das weiche Fell, „wie heißt er denn?"

„Er heißt Prinz", erwidert der Junge, „das hast du nicht gewußt. Aber ich weiß, wie du heißt."

„Das glaube ich nicht!" trumpft Hummelchen auf, „das kannst du gar nicht wissen!"

„Klar weiß ich's. Du heißt Ursula Paulsen."

Hummelchen staunt: „Na so was! Woher weißt du das?"

Er will sie unbedingt festhalten und sagt: „Ich habe eine große, elektrische Eisenbahn. Willst du sie ansehen? Komm, ich zeige sie dir, wir können damit spielen."

Hummelchen ist gleich dabei. Sie steigt mit dem Jungen und dem Hund Prinz in die Wohnung hinauf. Dort in einem kleinen Zimmer hat der Junge die Eisenbahn aufgebaut. Hummelchen ist begeistert. Aber der Junge ist plötzlich verschwunden.

„Mutti! Mutti", er stürmt aufgeregt in die Küche, „Mutti, ich habe sie gefunden. Sie ist hier in meinem Spielzimmer. Wir müssen sofort die Polizei anrufen."

„Meinst du gar die kleine Ursula Paulsen?" fragt die Mutter.

„Ja, Mutti. Schnell rufe an!"

Die Mutter geht rasch ins Spielzimmer. Da steht ein kleines Mädchen in blauem Kleid mit weißem Kragen, weißen Knöpfen und weißem Gürtel. Es hat weiße Strümpfe an und braune, leichte Sommerschuhe. Kein Zweifel, das ist Ursula Paulsen.

„Du bist Ursula Paulsen?" fragt die Mutter des Jungen.

Hummelchen nickt. Da geht die Frau zum Telefon. Es dauert nicht lange, und die Tür öffnet sich wieder.

„Da haben wir den Ausreißer endlich", sagt der Polizist aufatmend. „Mädchen, Mädchen, du hast uns ganz schön in Schwung gehalten. Komm mit, jetzt geht es rheinaufwärts, und zwar mit dem Auto und nicht wieder mit dem Schiff."

Ein sehr kleinlautes Hummelchen nimmt die Hand des Polizisten und läßt sich hinausführen.

Die gute Tat

Rolf und Hummelchen stehen am Fenster des Kinderzimmers. Der Arzt ist am Morgen dagewesen und hat ihm einen kleinen Spaziergang auf der Straße erlaubt. „Damit du dich wieder an die Luft gewöhnst", hat der Arzt gesagt.

„Warum gehst du nicht?" fragt Hummelchen, „du darfst ja nach unten. Du hast doch nichts angestellt."

„Ach, ich mag nicht", entgegnet er, „ohne dich gibt's doch keinen Spaß. Warum mußtest du bloß auf dem Kahn fahren!"

„Ich weiß auch nicht", sagt Hummelchen und zuckt die Schultern, „ich wollte ja auch eigentlich gar nicht mitfahren. Ich wollte ihn nur mal ansehen. Da ist der Schiffer abgefahren. Nun ja, und da bin ich mitgefahren."

„So ein Blödsinn", murrt Rolf, „jetzt hast du dafür Hausarrest von Mutti und Vati. Und mit unserer Rheinfahrt ist es auch aus. Die hat uns Vati gestrichen."

„Onkel Wi hat aber gesagt, daß er nicht eher mit uns die Fahrt macht, bis wir mal etwas Vernünftiges getan haben, bis wir keinen Unfug mehr treiben. Hier oben in der Wohnung kann man ja keinen Unfug machen. Da wird er sicher bald mit uns die Dampferfahrt machen."

„Hier oben kann man auch Unsinn treiben, wenn man will", meint Rolf, „denke nur daran, wie du dich mit Karin ins Badezimmer eingeschlossen hattest."

„Daran war Karin schuld", verteidigt sich Hummelchen, „die hatte den Schlüssel ins Klo geworfen. Nein, ich schließe mich nie mehr ein. Ich bin jetzt immer ganz brav. Ich möchte doch zu gern die Dampferfahrt machen, ehe ich wieder nach Hause fahre."

Sie sehen wieder auf die Straße hinunter und zum Rhein hinüber. Aber von weitem besehen, ist er nur halb so schön.

Hummelchen sagt nach einer Weile: „Rolf, wir müßten irgend etwas tun, worüber sich Tante Else und Onkel Wilhelm freuen. Dann können sie gar nicht anders und müssen mit uns die Dampferfahrt machen, denn Onkel Wi hält bestimmt sein Wort."

„Ja", meint Rolf zögernd, „aber was? Ich putze dem Vati schon jeden Tag die Schuhe und für Mutti bin ich immer einkaufen gegangen. Ich weiß nichts mehr, was ich noch tun könnte."

Hummelchen überlegt: „Ich könnte Tante Else einen Topflappen stricken, aber ich habe keine Wolle und keine Nadeln. So schnell bekäme ich ihn auch nicht fertig. Das ist aber eine dumme Sache, Rolf."

„Das kann man wohl sagen", seufzt er, „aber daran sind wir ja selbst schuld."

„Ich bin dran schuld", bekennt Hummelchen, „weißt du was? Ich frage Tante Else noch einmal, ob ich nicht wenigstens mit dir auf die Straße gehen darf. Vielleicht ist sie mir jetzt nicht mehr böse."

„Hast du schon gesehen, wie schön die Sonne scheint, Tante Else", fragt Hummelchen und guckt die Tante treuherzig an, „ich glaube, so schön hat sie noch nie geschienen. Und warm ist sie, ganz warm! Das merkt man schon durch die Scheiben. Wie warm muß sie da erst auf der Straße sein. Ich müßte doch gleich mal nachsehen gehen."

Die Tante muß wider Willen lachen. „Ach so, du meinst, ich ließe dich auf die Straße hinunter, Hummelchen?"

„Ja, warum denn nicht? Die Sonne ist doch so gesund. Ich werde sicher noch krank, wenn ich nicht draußen spielen kann."

„Hummelchen, wir haben die Verantwortung für dich übernommen, solange du bei uns bist. Du bist eine richtige wilde Hummel, auf dich muß man besonders gut achtgeben. Und damit du nichts wieder anstellst, darfst du nicht allein auf die Straße, sondern nur mit uns. Oder hast du schon vergessen, welche Sorgen du uns gemacht hast?"

„Das ist doch schon so lange her, Tante Else", schmeichelt Hummelchen, „von jetzt ab bin ich nur noch brav."

„Wir wollen es hoffen", seufzt die Tante, „ich gehe nach dem Essen zum Einkaufen in die Stadt. Dann nehme ich dich, Rolf und Karin mit, und ihr könnt alle drei den Sonnenschein genießen."

Hummelchen sieht ein, daß sich die Tante nicht umstimmen

läßt und wartet bis zum Einkaufsbummel. Dann gehen sie unter der Aufsicht der Tante durch die Straßen. Die Tante erledigt zuerst ihren Einkauf beim Fleischer. Sie muß im Laden warten, denn es sind noch einige Leute vor ihr dran.

„Wir warten vor der Tür", sagt Rolf, „ich passe auf Hummelchen auf."

Sie treten vor die Ladentür.

Die kleine Karin will auch mit, aber die Mutter hält sie fest an der Hand. Das Fleischergeschäft liegt in einer verkehrsreichen Straße. Fahrzeuge aller Art sausen unaufhörlich vorüber. Viele Menschen kommen den Fußweg herauf und herunter, betrachten die Schaufenster der Läden, bummeln weiter oder hasten vorbei.

Eine junge Frau kommt mit einem Kinderwagen. Sie bleibt am Bäckerladen neben dem Fleischereigeschäft stehen.

„Ein schicker Wagen", meint Hummelchen anerkennend, „der ist jetzt ganz modern. Mücke hat auch so einen. Man kann ihn zusammenklappen, wenn man auf Reisen geht. Mückes Wagen ist dunkelblau."

Rolf sagt: „Eigentlich sieht er komisch aus. Karin hatte einen anderen, als sie klein war. Er war weiß", und er sieht auf den grauen Wagen.

Die junge Frau hat ihre Einkaufstasche genommen und beugt sich in den Wagen nieder.

„Nun sei schön brav, mein Peterchen", sagt sie, „Mutti kommt gleich wieder. Ich bringe dir feine Kekse mit", und sie nickt dem Baby zu und tritt in den Bäckerladen.

„Er heißt Peter wie mein Bruder", sagt Hummelchen, „komm wir wollen ihn uns ansehen."

„Dann schreit er", gibt Rolf zu bedenken, „Karin machte das immer so. Sie schrie, wenn sie ein fremdes Gesicht sah. Die Frau wird böse sein, wenn sie uns am Wagen sieht. Du weißt, wir wollten nichts mehr tun, was Vati und Mutti verärgert."

„Also gut", Hummelchen zuckt die Schultern, „wir gucken den Peter nicht an. Aber er ist bestimmt ganz goldig."

Da tritt eine Frau aus dem Nebenhaus des Bäckerladens. Sie hat ein müdes, trauriges Gesicht. Als sie den Kinderwagen sieht, stutzt sie einen Augenblick, sieht sich rasch um und tritt dann an den Wagen. Mit schnellem Griff faßt sie die Stange und schiebt den Wagen davon.

„Nanu", sagt Rolf verdutzt, „da stimmt doch was nicht, Hummelchen. Das war doch gar nicht die Mutter des Babys."

„Sie hat den Wagen und das Kind gestohlen", ruft Hummelchen hastig. „Rolf, was machen wir nun? Wir müssen ihr nachlaufen."

„Aber die Mutti, Hummelchen! Sie zankt, wenn wir nicht vor dem Laden bleiben!"

„Rolf, wir haben keine Zeit!" Hummelchen ist ganz aufgeregt, „Du, komm mal her!" ruft sie einen kleinen Jungen an, der an der Straßenkante steht, „sage der Frau da drinnen mit dem kleinen Mädchen an der Hand, daß wir nach Hause gegangen sind. Sagst du ihr das?"

Er nickt eifrig und geht in den Fleischerladen. Rolf und Hummelchen jagen der Frau nach.

„Ich sehe sie nicht mehr", keucht Rolf, „so ein Pech! Wir hätten ihr gleich nachlaufen müssen."

Hummelchen läßt sich nicht entmutigen. Sie läuft ein Stück auf dem Fahrdamm, um den Fußweg besser übersehen zu können. Bremsen kreischen, Autofahrer schimpfen.

„Rolf, ich sehe sie!" ruft sie dann und springt wieder auf den Fußweg zurück, „schnell laufe mit, die kriegen wir!"

„Habt ihr denn keine Zeit?" zankt ein Mann. „Die Straße ist keine Rennstrecke. Ihr stoßt ja alle Leute über den Haufen!"

Aber Rolf und Hummelchen hören es kaum noch. Sie haben die Frau eingeholt und gehen nun gemächlich hinter ihr her. Hummelchen flüstert Rolf etwas zu. Er nickt und dann treten sie neben den Wagen. Die Frau sieht die Kinder ärgerlich an.

„Warum geht ihr immer neben mir her? Macht, daß ihr weiterkommt!"

„Wir wollen uns mal das Baby ansehen", sagt Hummelchen, „es ist so süß. Wie heißt denn das kleine Mädchen?"

Die Frau scheint einen Augenblick zu überlegen. Dann lacht sie. „Es ist ein Junge! Weißt du nicht, daß man bei einem Jungen das Wageninnere blau ausschlägt? Wenn es ein Mädchen wäre, hätte ich den Wagen mit rosa Stoff ausgefüttert."

„Ach ja, das ist richtig", Hummelchen tut, als wäre ihr das auch erst gerade eingefallen, „das ist ja ein kleiner Junge. Wie heißt er denn?"

Die Frau überlegt wieder kurz, dann sagt sie: „Er heißt Wolfgang."

„Das ist gar nicht wahr!" ruft nun Hummelchen, „er heißt nicht Wolfgang! Das ist auch gar nicht Ihr Kind. Sie haben es gestohlen!"

Die Frau erschrickt, aber sie sagt schnell: „Was fällt dir ein! Mach, daß du wegkommst! Du bist ein ganz freches Ding! Wie kannst du große Leute belästigen."

„Nein, Sie dürfen nicht weiterfahren!" Hummelchen umklammert den Wagengriff, „das Baby gehört nicht Ihnen!"

Rolf hat sein Bein zwischen die Wagenräder gestellt. Die Leute auf der Straße werden aufmerksam.

„Was ist denn los?" fragt ein Mann, „sind das Ihre Kinder?"

„Nein, sie sind mir nachgelaufen. Sie gehören mir nicht. Sie sind frech zu mir."

Eine Frau sagt: „Kinder, das dürft ihr doch nicht machen. Ihr seht beide nicht aus wie unerzogene Gören. Was ist nur in euch gefahren?"

„Die Frau hat den Wagen und das Kind gestohlen!“ ruft Rolf, „wir sind ihr nachgegangen, um sie festzuhalten.“

„Das ist unglaublich“, ereifert sich die fremde Frau, „was sich Kinder so zusammenfaseln! Ich habe in einem Haus neben dem Bäckerladen zu tun gehabt und habe den Wagen unten vor dem Haus abgestellt. Als ich fertig war, habe ich meinen Wagen genommen und bin weitergefahren. Das ist alles.“

„Stimmt das oder stimmt das nicht?“ fragt ein Mann.

„Die Hälfte stimmt!“ ruft Hummelchen, „sie hat den Wagen weggefahren, aber sie hat ihn nicht hingefahren. Das war eine andere Frau.“ — „Habt ihr das gesehen?“

„Aber klar!! Es war eine junge Frau in einem blauen Kleid“, ergänzt Rolf, „sie hatte blondes Haar . . .“

„Und sie nannte das Baby Peter!“ ruft Hummelchen.

„Nun ja, das habe ich den Kindern ja auch gesagt, daß mein Baby Peter heißt . . .“

„Sie lügt!“ Hummelchen ist ganz außer sich, „als ich sie fragte, sagte sie, das Kind heiße Wolfgang.“

Die Leute sehen sich an. Was soll man von der ganzen Sache halten? Die beiden Kinder sehen nicht aus, als sagten sie die Unwahrheit. Eher ist man geneigt, der Frau eine Lüge zuzutrauen.

„Gehen Sie zur Polizei, wenn Sie sich belästigt fühlen“, rät einer und blinzelt den anderen Leuten zu, „nehmen Sie die Kinder mit. Die Polizei bekommt bald heraus, was an der ganzen Sache dran ist.“

Die fremde Frau wird blaß. „Ach, ich gebe nichts auf Kindereien“, sagt sie nach einer Weile, „geht nach Hause, Kinder. Ihr habt ja nur Spaß gemacht. Ich fahre jetzt auch heim. Mein Baby hat Hunger.“

Sie will weiterfahren, aber Rolf hat noch den Fuß zwischen den Rädern.

„Nein, wir lassen Sie nicht fort!“ ruft Hummelchen, „Sie dürfen uns nicht entwischen!“ Und sie sieht sich hilfesuchend um, „bitte, holen sie doch die Polizei. Helfen Sie uns doch!“

Der Menschenauflauf ist immer größer geworden. Und da drängt sich auch schon ein Polizist durch die Menge.

„Was ist hier los?“ fragt er, und Hummelchen und Rolf erzählen ihm ihr Erlebnis.

Sie müssen es auch auf der Polizeiwache noch einmal erzählen, denn der Polizist hat sie beide und die Frau mit dem Kinderwagen mitgenommen.

„Nun sagen Sie schon die Wahrheit!“ mahnt der Polizist auf der Wache und sieht die Frau freundlich und aufmunternd an, „warum haben Sie das fremde Kind mitgenommen? Sie müssen doch einen Grund gehabt haben. Man nimmt doch nicht ohne weiteres fremde Kinder mit.“

Die Frau sieht ein, daß Leugnen jetzt keinen Zweck mehr hat, und sie erzählt mit stockender Stimme: „Ich hatte auch ein Baby, einen Jungen. Er ist vor vier Wochen gestorben. Ich kann es immer noch nicht fassen. Als ich den Wagen stehen sah, dachte ich an meinen kleinen Jungen. Ich weiß nicht, wie es kam, ich nahm den Wagen und fuhr davon.“

„Das war dumm und unüberlegt“, tadelt der Polizist, „seien Sie froh, daß die Kinder Sie beobachteten und Sie vor einer noch viel größeren Dummheit bewahrten. Ihr könnt nun heimgehen“, wendet er sich an Hummelchen und Rolf, „gebt mir aber eure Anschrift an.“

Nachdem das geschehen ist, verlassen beide die Polizeiwache.

„Das war eine tolle Sache, was?“ meint Hummelchen, „ein richtiges Abenteuer war das! Wir wollen aber Tante Else und Onkel Wi nichts davon sagen, sonst kriegen wir Krach, daß wir davongelaufen sind.“

„Vielleicht ist meine Mutti schon daheim und hat uns vermißt“, gibt Rolf zu bedenken, „oh, Hummelchen, wir kommen einfach nicht dazu, brav zu sein. Immer kommt etwas dazwischen.“

„Wir wollen schnell lossausen, vielleicht haben wir noch Glück.“ Und sie jagen heimwärts, daß die Leute kopfschüttelnd hinter ihnen hersehen. Sie haben auch wirklich Glück. Rolfs Mutter ist mit Karin noch nicht da. Sie warten am Haus und nach zehn Minuten kommt sie.

„Ach, du liebe Zeit“, sagt sie erschrocken, „jetzt habe ich euch so lange warten lassen. Ich mußte überall warten, und dann traf ich noch Frau Schulze, die mir allerlei zu erzählen hatte."

„Das macht doch nichts, Tante Else", sagt Hummelchen strahlend. Rolf sagt nichts, er dreht sich um, weil er lachen muß.

Es sieht so aus, als bliebe ihr kleines Abenteuer unentdeckt, doch am Abend läutet es an der Tür. Ein junges Ehepaar, namens Lindner, bittet Herrn und Frau Weber sprechen zu dürfen. Tante Else führt sie ins Wohnzimmer. Hummelchen und Rolf erkennen die junge Frau vom Bäckerladen wieder.

„Ich möchte mich vor allem bei ihren Kindern bedanken", sagt die junge Frau herzlich, „durch ihre Aufmerksamkeit sind meinem Mann und mir viel Aufregung und Leid erspart geblieben. So war es zunächst nur der Schreck für mich, als ich aus dem Laden trat und den Wagen nicht mehr vorfand. Bald darauf bekam der Bäcker einen Anruf von der Polizei und ich konnte mein Baby auf der Wache abholen."

Tante Else und Onkel Wilhelm sehen sich erstaunt an.

„Ich verstehe kein Wort, Frau Lindner." Tante Else schüttelt verwundert den Kopf. „Vielleicht liegt eine Verwechslung vor".

„Aber nein", Frau Lindner lacht, „haben es Ihnen denn Ihre Kinder nicht erzählt? Durch ihre Aufmerksamkeit konnte die Diebin schnell festgenommen werden, die mein Baby entführt hatte."

„Durch Rolf und Ursula? Aber die Kinder waren heute mit mir nur bis zum Fleischer gegangen, dann liefen sie heim, weil es ihnen zu lange dauerte. Als ich heim kam, standen sie am Haus und warteten auf mich."

Hummelchen wird ein wenig rot, dann sagt sie:

„Tante Else und Onkel Wi, ihr dürft nicht zanken, weil wir euch unser Abenteuer noch nicht erzählt haben. Wir dachten, es käme nie raus, weil wir eher zu Hause waren, als Tante Else." Und dann erzählt Hummelchen, was sich zugetragen hat.

Tante Else und Onkel Wilhelm machen lange Gesichter.

Dann lächelt der Onkel und sagt: „Ich sehe ein, daß ihr die Mutti nicht erst um Erlaubnis fragen konntet, denn jede Minute war in diesem Falle kostbar. Ihr habt mit eurem schnellen Eingreifen aber etwas recht Gutes und Vernünftiges getan . . ."

„Hurra!" schreit Hummelchen, „das ist unsere gute Tat, Rolf! Onkel Wi, du hast gesagt, daß wir die Dampferfahrt machen, wenn wir etwas Vernünftiges tun. Nicht wahr, jetzt machst du mit uns die Dampferfahrt?"

Da muß der Onkel lachen. „Ich halte mein Wort", sagt er, „wir machen die Dampferfahrt. Eine gute Tat findet immer ihre Belohnung."

„Eine Dampferfahrt rheinaufwärts wollten wir auch noch machen", meint Frau Lindner, „wir sind ja nur zu Besuch hier und fahren bald wieder heim."

„Dann fahren Sie doch mit uns!" schlägt Onkel Wilhelm vor, „wir freuen uns, daß wir Sie und ihren Mann kennengelernt haben. Wir könnten zusammen noch ein paar recht frohe Stunden verleben."

„Aber gern", stimmen Herr und Frau Lindner zu und sie sagt mit einem lächelnden Blick auf Hummelchen: „Wir haben außer dem kleinen Peter auch eine Tochter. Sie heißt Britta und ist so alt wie Ursula. Sie wird sich freuen, das tapfere, kleine Mädchen kennenzulernen, das ihrem Brüderchen geholfen hat."

Nun ist die Freude bei Hummelchen groß. Der Tag für die gemeinsame Fahrt wird festgelegt, dann verabschieden sich die Lindners.

„Onkel Wi", ruft Hummelchen und fällt ihm jubelnd um den Hals. „Du bist der liebste, beste Onkel der Welt!"

Dampferfahrt auf dem Rhein

Endlich ist der ersehnte und so oft verschobene Tag der Dampferfahrt herankommen. Der Himmel ist wolkenlos blau, wie es sich für eine solche Fahrt gehört. Die Sonne läßt ihre Strahlen auf dem Wasser des Rheins flimmern, und jedermann ist froh und vergnügt. Am vergnügtesten ist Hummelchen. Sie trällert und hüpft und singt nach eigener Melodie:

„Heute fahren wir auf dem Rhein,
das wird lustig sein.
Ich fahre auf dem Schiff,
piff - paff - piff!"

„Piff - paff - piff!" jubelt Karin, obwohl sie gar nicht mitfährt. Sie muß daheim bleiben und wird von einer Nachbarsfrau betreut.

Hummelchen wählt für diese Fahrt ein grünes Faltenröckchen und einen weißen Pulli und, damit der Wind nicht so die Locken zerzaust, ein grünes Kopftuch.

Tante Else drängt zum Aufbruch: „Eilt euch! Lindners warten sicher schon auf uns."

Ja, sie stehen an der Schiffsanlegestelle und begrüßen die Ankömmlinge herzlich.

Hummelchen sagt zu Britta Lindner: „Freust du dich auch auf die Dampferfahrt? Ich freue mich ganz toll. Wir werden viel Spaß haben. Bist du auch gern lustig?"

Britta ist ein wenig schüchtern. Sie nickt nur. Hummelchen hat sie schon an der Hand gepackt und mit sich fort gezogen. „Komm, Rolf, wir suchen uns einen Platz!" ruft sie zurück und läuft mit Britta an der Hand über den Steg zum Schiff.

Sie rutscht auf einen Fensterplatz und drückt Britta auf den Platz ihr gegenüber. Durch die breiten Fenster kann man ein gutes Stück des Rheins überblicken. Das Schiff füllt sich mit frohgestimmten Menschen. Onkel Wilhelm, Tante Else und Herr und Frau Lindner setzen sich zu den Kindern. Bald legt das Schiff ab und fährt stromaufwärts.

Eine Stimme aus dem Lautsprecher heißt sie herzlich willkommen und wünscht gute Fahrt und frohe Unterhaltung.

„Danke schön!" ruft Hummelchen, „wir werden uns bestimmt froh unterhalten." Sie wundert sich, daß die Leute lachen.

Am Koblenzer Eck weist die unsichtbare Stimme auf den Moselzufluß hin.

Hummelchen ruft verwundert: „Onkel Wi, warum läuft denn der Rhein hier nicht über? Die Mosel schüttet doch so viel Wasser hinein."

Onkel Wilhelm erklärt ihr, daß der Rhein das Moselwasser mitnimmt und dem Meere zuführt.

„Und warum läuft das Meer nicht über, Onkel Wi?"

Onkel Wilhelm ist froh, daß die Stimme aus dem Lautsprecher auf die Burg Ehrenbreitstein zur linken Seite aufmerksam macht.

„Auf dem Rückweg steigen wir hier aus und gehen zur Burg hinauf", sagt er und weist hinauf.

„Prima, Onkel Wi", ruft Hummelchen, „ist sie auch so schön wie die Thalburg?"

„Schöner und größer", sagt er und nickt ihr zu.

Rolf fällt etwas ein: „Hummelchen, jetzt hätten wir beinahe den Kapitän vergessen. Wir müssen nachsehen, ob er auf dem Schiff ist."

„Vorhin habe ich noch dran gedacht", sagt sie und springt vom Sitz, „komm mit, Britta, du mußt unseren Kapitän kennenlernen . . ."

„Ihr könnt doch hier nicht herumlaufen", sagt Tante Else.

„Aber Tante Else, wir laufen ja nicht herum. Wir suchen nur den Kapitän." Und schon ist sie mit Rolf und Britta den Gang hinuntergerannt. Lachend sehen ihr die Lindners nach. So eine wilde Hummel!

Das Schiff schaufelt sich gegen den Strom vorwärts. Hier ist das Rheintal noch breit. Kleine Ortschaften schmiegen sich ans Ufer. Wiesen und Waldhänge liegen zwischen ihnen. Hummelchen streift das alles nur mit einem flüchtigen Blick. Ihre Gedanken gelten jetzt dem netten Kapitän. Ob es sein Schiff ist auf dem sie die Rheinfahrt macht?

In dem kleinen Steuerhaus, mit dem Blick durch weite Fenster auf den Fluß steht der Steuermann. Er bedient Räder und Hebel und blickt aufmerksam über das Wasser. Hummelchen schiebt die Tür auf, tritt näher und sieht ihm ins Gesicht. Es ist nicht der Kapitän. Sie ist recht enttäuscht.

„Was willst du denn hier?" fragt er unwirsch. „Hier darf niemand rein!"

„Wir suchen den netten Kapitän", sagt Hummelchen, „ist er nicht hier?"

„Kapitäne sind immer nett“, sagt er nun ganz freundlich, „wie sieht er denn aus?“

„Oh, er ist groß, hat eine schicke Kapitänsmütze und schwarzes Haar“, erklärt sie, „und wenn er lacht, hat er lauter Falten um die Augen . . .“

Jetzt lacht der Steuermann: „Ich glaube, deine Beschreibung paßt auf viele Kapitäne. Warte draußen einen Augenblick, unser Kapitän kommt gleich wieder.“

Er kommt wirklich bald. Hummelchen erkennt ihn sofort wieder, als er durch den Gang auf die Glastür des Steuerhauses zukommt.

„Guten Tag, Herr Kapitän“, grüßt sie fröhlich, „heute fahre ich mit Ihrem Schiff auf dem Rhein spazieren!“

„Das ist ja die kleine Ursula!“ ruft er überrascht, „und Rolf ist auch dabei. Und wer ist das?“

„Das ist meine neue Freundin Britta. Wir freuen uns sehr, daß wir auf Ihrem Schiff fahren können.“

„Wie geht es deinem Mohrle? Hast du es mitgebracht?“ erkundigt sich der nette Kapitän.

„Mohrle ist zu Hause. Tante Else sagte, ich dürfe ihn nicht mitnehmen, denn es gäbe zu viel zu sehen, so daß ich nicht auf mein Kind aufpassen könnte. Und dann würde er vielleicht wieder in den Rhein fallen."

„Da hat die Tante recht gehabt", nickt er, „heute muß ich mich um mein Schiff kümmern und dafür sorgen, daß alle Leute eine gute Fahrt haben. Ich hätte keine Zeit, dein Mohrle wieder aus dem Wasser zu fischen. — Seht, da drüben fließt die Lahn in den Rhein. Ihr wißt doch, daß er viele Nebenflüsse hat, nicht wahr?"

Rolf nickt. Er ist älter als Hummelchen und Britta und weiß das aus der Heimatkunde in der Schule.

„Dort zur rechten Seite ist Burg Stolzenfels", der Kapitän weist hinüber auf den Berg am Ufer, „von nun an werdet ihr eine Burg nach der anderen zu beiden Seiten des Stromes sehen. Viele sind nur noch Ruinen, aber einige sind noch erhalten. Seht euch nur um, nirgendwo gibt es so viele Burgen wie hier am Rhein."

Die Kinder schauen durch die breiten Fenster. Berghänge steigen steil aus dem Wasser, die im Norden mit Buschwald überzogen sind. An den Sonnenhängen aber stehen auf stufenförmigen Feldern ungezählte Weinstöcke unter der warmen Sonne. Burgen und Ruinen ziehen an dem Rheindampfer vorbei, der ohne Hast durch die Wasser gleitet.

Hummelchen fallen die großen Masten am Ufer auf, an denen eine weiße oder aber eine rote Fahne flattert.

„Das sind Posten", erklärt der Kapitän, „sie stehen an den engen und windungsreichen Abschnitten des Stromes. Alle Schiffe, die bergauf fahren, so wie wir, müssen warten, wenn die rote Fahne gehißt ist. Sie besagt, daß ein Fahrzeug talwärts fährt. Es hat die Vorfahrt. Erst wenn es vorbei ist, darf das Schiff weiter bergauf fahren."

„Das ist so wie bei den Autos", sagt Hummelchen, „da hat auch immer einer die Vorfahrt, sonst stoßen sie zusammen, wenn sie nicht aufpassen."

„Ja, so ist es. — Da, wir haben freie Fahrt. Die Fahne ist weiß. Es kommt uns nichts entgegen."

Es ist einfach großartig. Hummelchen, Rolf und Britta haben leuchtende Augen. Es ist ein großes Erlebnis für sie, und es ist doppelt schön, weil der Kapitän ihnen alles so gut erklärt. Als er im Maschinenraum verlangt wird, nimmt er die Kinder mit. Er zeigt ihnen die Maschinen, von denen die riesigen Schaufelräder zu beiden Seiten des Schiffes angetrieben werden, und gibt ihnen auf alle Fragen eine verständliche Antwort.

Dann laufen die Kinder wieder zu ihren Plätzen zurück, denn der Kapitän hat nun keine Zeit mehr für sie.

„Onkel Wi, Tante Else, wir haben unseren Kapitän wiedergesehen!" ruft Hummelchen schon von weitem, und dann erzählt sie ihr Erlebnis so laut und anschaulich, daß die Passagiere im großen Schiffsraum amüsiert und schmunzelnd zuhören.

„Da habt ihr ja wirklich Glück gehabt, daß ihr gerade auf das Schiff eures Kapitäns gekommen seid", meint Onkel Wilhelm lächelnd, „du bist ja ein richtiger Glückspilz, Hummelchen."

„Ich muß auch immer Glück haben, Onkel Wi, denn ich habe einen kleinen Schornsteinfeger", und sie erzählt ihm, wie sie an einem Tag auf der Reise mit den Eltern ein Glückszeichen nach dem anderen gefunden hat.

An der Lorelei wird das Rheintal am engsten. Steil steigt der Loreleifelsen auf. Da bricht die Musik ab. Nur eine Trompete spielt: „Ich weiß nicht was soll es bedeuten . . ."

„Das kenne ich doch auch!" ruft Hummelchen und sie singt mit lauter Stimme das Lied mit.

Es klingt so hübsch, daß die Fahrgäste ringsum herzlich Beifall klatschen, als das Lied zu Ende ist. Hummelchen lacht unbefangen, aber dann läuft sie ans Fenster und starrt zu dem Felsen hinauf.

„Wo ist sie denn, Onkel Wi?" fragt sie, „ich sehe sie doch gar nicht. Ist sie heute nicht da?"

„Wen suchst du denn, Kind?" Onkel Wilhelm tritt zu ihr und sieht zum Ufer hinüber.

„Nein, Onkel Wi, oben auf den Berg mußt du gucken. Ich suche die Frau Lei. Kämmt sie heute nicht ihr Haar? Das muß man doch jeden Tag machen, Onkel Wi. Soll ich sie mal rufen?"

Onkel Wilhelm, Tante Else und alle Leute lachen.

„Aber Hummelchen, das ist doch . . ."

Doch Hummelchen ruft schon: „Hallo, Frau Lei! Frau Lore Lei! Wo sind Sie! Ist Ihr Kamm in den Rhein gefallen!?"

„Hör auf, Hummelchen!" Tante Else hält sich die Ohren zu, „das ist doch alles nur eine Geschichte, eine Sage, weißt du", und Onkel Wilhelm zieht sie auf den Sitz zurück und erklärt ihr den Text des Liedes.

„Ach, so ist das", Hummelchen ist etwas enttäuscht, „es wäre aber ganz nett gewesen, wenn da oben wirklich die Lore Lei gesessen hätte, meinst du nicht?"

Ja, das meinen Onkel und Tante auch.

Die Kinder sehen aus dem Fenster, und Hummelchen winkt allen Kähnen und Schiffen zu, die ihnen begegnen. Viele Schiffer winken zurück. So geht es weiter rheinauf.

„Unsere Ferien sind nun auch bald zu Ende", sagt Frau Lindner, „in drei Tagen fahren wir zurück nach Fulda."

„Sie sind aus Fulda?" fragt Onkel Wilhelm, „ich glaube, auf der Strecke dorthin muß auch Thalburg liegen."

Herr Lindner nickt: „Ich weiß, was sie damit sagen wollen, Herr Weber. Ursula wohnt in Thalburg. Sie möchten gern, daß wir sie mit nach Hause nehmen, nicht wahr?"

„Ja, aber es ist sicher zuviel verlangt", meint Onkel Wilhelm. — „Nein, wir nehmen Ursula gern mit."

Hummelchen freut sich sehr, daß sie mit Britta zusammen heimfahren kann. Die Mädchen halten sich an den Händen und drehen sich lachend im Kreise.

Am Nachmittag geht die Fahrt den Rhein abwärts. Noch einmal grüßen die Burgen das Schiff, das ruhig an ihnen vorüberzieht. Hummelchen winkt zur Lorelei hinauf. An der Burg Ehrenbreitstein müssen sie aber vorbeifahren, denn es ist zu spät geworden, um sie noch zu besichtigen.

Als sie abends wieder zu Hause sind, ruft Hummelchen begeistert: „Das war ein ganz toll schöner Tag, Onkel Wi und Tante Else! Ich werde immer daran denken, wenn ich wieder daheim bin, und ich danke euch schön für alles."

Da hebt Onkel Wilhelm seine kleine Nichte hoch, küßt sie herzlich und lacht. „Wir danken dir auch, Hummelchen", sagt er, „denn du hast uns viel Spaß gemacht . . ."

„Wenn man den Unsinn nicht mitrechnet, den sie verzapft hat", wirft Rolf ein und zwinkert Hummelchen zu.

*

Damit sind Hummelchens Ferientage bei Onkel Wilhelm und Tante Else zu Ende gegangen. Es waren vier Wochen voller Abenteuer. Rolf ist bekümmert, daß Hummelchen nun wieder heimfahren muß.

„Du müßtest immer hierbleiben", sagt er, „hier ist es doch viel schöner als in deiner altmodischen, kleinen Stadt. Dort hast du keinen großen Fluß, keine Schiffe und keine Abenteuer. Dort ist doch nichts los."

Hummelchen ist erst ein wenig gekränkt, aber dann erwidert sie: „Nein, einen Fluß gibt es in Thalburg nicht und auch keine Schiffe. Aber in Thalburg ist alles, was ich lieb habe: Mutti und Vati, Mücke und die Oma. Die ganze Stadt habe ich lieb, weil sie so klein und hübsch ist. Du mußt mich einmal besuchen, Rolf, dann wirst du sehen, wie schön Thalburg ist. Es wird dir bestimmt bei uns gefallen."

„Nun ja", brummt Rolf, „vielleicht komme ich mal."

Hummelchen ist beim Kofferpacken, denn morgen früh wird sie mit Lindners die Heimreise antreten. Sie will gerade den Koffer zumachen, da kommt Tante Else ins Zimmer.

„Aber Hummelchen", ruft sie, „nennst du das Kofferpacken? Du hast ja deine Sachen nur so hineingeworfen. Nein, das laß mich lieber machen! Was soll denn deine Mutti denken, wenn du mit diesem Durcheinander ankommst?"

Und sie packt wieder aus und räumt Hummelchens Kleider und Wäsche fein ordentlich ein. Es bleibt sogar ein wenig Platz für das Mohrle.

„Aber Tante Else!" entrüstet sich Hummelchen. „Du wirst doch mein Mohrle nicht in den finsteren Koffer sperren? Den nehme ich auf den Arm. Du hast die Karin bestimmt auch noch nie in den Koffer getan, wenn ihr verreist seid."

„Natürlich nicht!" gibt Tante Else zu. „Also gut, nimm ihn auf den Arm! Aber verliere ihn nicht! Im Koffer wäre er sicherer, und du brauchtest nicht auf ihn zu achten."

„Wenn man Kinder hat, muß man sowieso aufpassen", meint Hummelchen, „sonst sind sie schnell einmal verschwunden."

„Das kann man wohl sagen", nickt Tante Else mit einem kleinen Seufzer und denkt an Hummelchens Streiche, aber dann lacht sie, denn sie hat ihr Nichtchen trotzdem sehr gern.

Am anderen Morgen packt Onkel Wilhelm Hummelchens Koffer in den Wagen. Auch Tante Else, Rolf und Karin steigen mit Hummelchen ein. So fahren sie alle zum Bahnhof, wo Lindners schon auf sie warten. Es gibt ein großes Abschiednehmen. Onkel Wilhelm greift in seine Tasche und drückt Hummelchen eine Mark in die Hand.

„Dafür kaufst du dir etwas zu trinken, wenn du Durst hast", sagt er, „denn es wird heute warm werden."

„Danke, Onkel Wi", strahlt Hummelchen, „du bist so lieb. Alle waren so lieb. Es hat mir gut gefallen bei euch."

„Dann komme nur bald wieder", sagt Tante Else, „du kannst deine Herbstferien auch bei uns verbringen."

„Ihr müßt aber auch mal zu uns nach Thalburg kommen!" ruft Hummelchen schon von der Wagentür aus.

Dann guckt sie aus dem Fenster neben Frau Lindner und Britta.

„Komm gut heim, Hummelchen, und grüße die Eltern und Peter und natürlich auch Frau Sanftmut."

Hummelchen nickt und winkt. Der Zug setzt sich in Bewegung und dampft zum Bahnhof hinaus. Die Ferientage am Rhein sind endgültig vorbei. Hummelchen freut sich auf ihr liebes Thalburg.

Die Fahrt geht am Rhein entlang. Britta und Hummelchen stehen am Fenster im Wagengang und sehen auf den Strom hinaus. Da liegt er in der Sonne. Lange, dunkle Lastkähne ziehen wie Schatten darauf hin. Ein Segelschiffchen schaukelt auf den kräuselnden Wellen. Weinberge, Städte, Dörfer und Burgen grüßen noch einmal die kleinen Mädchen am Fenster des dahinjagenden D-Zuges. Frau Lindner sitzt im Abteil und hat ihr Bübchen im Arm. Sie blickt oft lächelnd zu den Kindern im Gang hinaus und nickt ihrem Mann zu.

„Es ist ein reizendes Mädchen, die kleine Ursula", sagt sie

leise zu ihm, „schade, daß wir so weit voneinander weg wohnen. Ursulas Lebhaftigkeit würde Britta gut tun. Britta ist viel zu schüchtern. Sie brauchte eine Freundin, die fröhlich und ein wenig wild ist ..."

„Ich glaube, die kleine Ursula ist nicht nur ein wenig wild", lächelt Herr Lindner, „das ist ein richtiger Wildfang. Aber reizend ist sie. Ich wünschte wirklich, unsere Britta hätte etwas von ihr. Sieh nur, wie nett sich die Mädchen unterhalten."

Lindners können nicht verstehen, was Hummelchen erzählt, denn die Abteiltür ist geschlossen. Aber Hummelchens Geschichte muß sehr interessant sein, denn Britta staunt ihre neue Freundin mit großen Augen und offenem Munde an. Sie hätte es nie gewagt, auf einem fremden Lastkahn mitzufahren und gar stundenlang in einer kleinen, halbdunklen Kammer zu verbringen. Puh, das wäre nichts für die kleine schüchterne Britta gewesen. Aber sie ist stolz darauf, eine so mutige Freundin gefunden zu haben.

In Frankfurt verlassen sie den D-Zug und steigen in den Personenzug um. Hummelchen ist voller Erwartung und Freude. Bald wird sie die Eltern wiedersehen. Sie werden sicher am Bahnhof in Thalburg auf sie warten, denn Onkel Wilhelm hatte ihnen die Ankunft Hummelchens telefonisch mitgeteilt.

Und da stehen sie wirklich und winken, als der Zug auf der Station einläuft. Hummelchen springt dem Vater durch die offene Wagentür in die ausgebreiteten Arme. Sie drückt und küßt ihn, daß er kaum dazu kommt, Lindners für ihre Freundlichkeit zu danken, daß sie ihnen den kleinen Wildfang zurückbringen. Er wechselt ein paar hastige Worte mit ihnen, dann setzt sich der Zug in Bewegung.

„Da bist du nun wieder", sagt der Vater, nachdem die Mutter ihr Hummelchen lange und herzlich begrüßt hat, „daß es dir gefallen hat, kann ich mir denken. Was ich aber wissen möchte, ist, ob du auch lieb warst. Ob alles gutgegangen ist und ob du keine Streiche gemacht hast."

„Aber Vati!" Hummelchen tut entrüstet. „Was denkst du denn? Ich war so brav, wie ich nur sein kann. Und Streiche habe ich fast gar nicht gemacht. Es waren immer nur so komische Zufälle, weißt du?" Er nickt. Er kennt Hummelchens „Zufälle" und er verkneift sich ein Lachen. Er hat sie wieder. Sie ist gesund und munter, und das ist die Hauptsache.

„Hast du viel geschrieben, Vati? Denn ich habe dich ja nicht gestört."

„Ja, das habe ich. Aber die Hauptsache an der ganzen Thalburger Geschichte fehlt mir noch. Und das ist . . ."

„Ich weiß, Vati", fällt ihm Hummelchen ins Wort, „das goldene Wappen. Aber jetzt bin ich wieder da. Ich werde es suchen."

Da lacht der Vater über sein Hummelchen. Wie sollte sie es finden, da er schon seit Wochen versucht, dem Geheimnis auf die Spur zu kommen?

„Wahrhaftig", sagt er schließlich mit einem Blick in ihre lachenden Augen, „es sollte mich nicht wundern, wenn du es fändest", und er denkt an die alten Gassen und Häuser Thalburgs, die so sicher ein Geheimnis zu verbergen wissen.

Werden sie ihr Geheimnis gerade Hummelchen verraten?